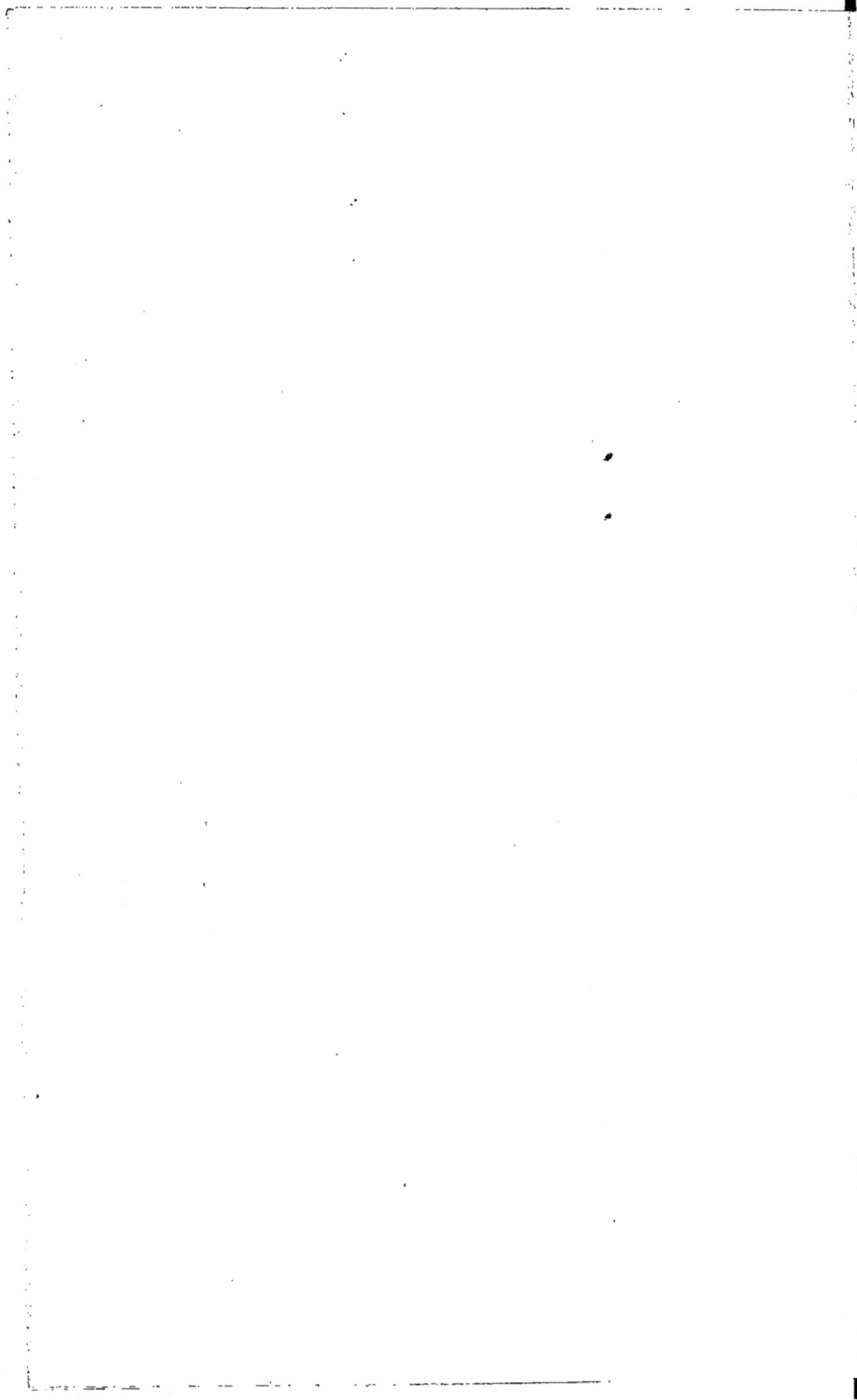

MÉMOIRE

SUR LA TOPOGRAPHIE MÉDICALE

DU IVᵉ ARRONDISSEMENT DE PARIS.

IMPRIMÉ CHEZ PAUL RENOUARD, RUE GARANCIÈRE, 5.

MÉMOIRE

SUR

LA TOPOGRAPHIE MÉDICALE

DU IVe ARRONDISSEMENT DE PARIS ;

RECHERCHES HISTORIQUES ET STATISTIQUES

SUR LES CONDITIONS HYGIÉNIQUES

DES QUARTIERS QUI COMPOSENT CET ARRONDISSEMENT ;

PAR M. LE Dr HENRI BAYARD.

———◦◦◦———

A PARIS,

CHEZ J.-B. BAILLIÈRE,

LIBRAIRE DE L'ACADÉMIE ROYALE DE MÉDECINE,

RUE DE L'ÉCOLE DE MÉDECINE, 17.

A LONDRES, CHEZ H. BAILLIERE, 219, REGENT-STREET.

———

1842.

EXTRAIT DES ANNALES
D'HYGIÈNE PUBLIQUE ET DE MÉDECINE LÉGALE.
(TOME XXVIII, Ire PARTIE.)(1)

MÉMOIRE

SUR LA TOPOGRAPHIE MÉDICALE

DU IVe ARRONDISSEMENT DE LA VILLE DE PARIS ;

RECHERCHES HISTORIQUES ET STATISTIQUES

SUR LES CONDITIONS HYGIÉNIQUES DES QUARTIERS

QUI COMPOSENT CET ARRONDISSEMENT ;

AVANT-PROPOS.

Je ne m'étais d'abord proposé que de publier quelques considérations sur la topographie médicale du quatrième arrondissement de Paris ; mais les recherches, que je fus amené à faire successivement sur ce sujet, m'offrirent un tel intérêt, que j'agrandis bientôt le cercle que je m'étais tracé.

La formation des quatre quartiers, qui composent aujourd'hui le quatrième arrondissement, remonte à une époque fort ancienne ; sur la rive droite de la Seine, ils ont

(1) Ce journal, rédigé par MM. Adelon, Andral, Chevallier, D'Arcet, Devergie, Gaultier de Claubry, Guérard, Keraudren, Leuret, Ollivie. (d'Angers), Orfila, A. Trébuchet, Villermé, est publié depuis 1829, tous les trois mois, par cahiers de 15 à 16 feuilles (250 pages, avec planches). — Prix de l'abonnement par années : à Paris, 18 r., et franc de port, pour la France, 21 fr.

A Paris, chez J. B. Baillière, libraire, rue de l'École-de-Médecine, n. 17.

été le centre de la *ville,* et dès que les enceintes qui les en-
veloppaient furent détruites, c'est autour d'eux que se sont
groupés successivement les autres quartiers. Les faits que
je cite dans ce mémoire établissent d'une manière évidente
que le quartier des marchés, par exemple, qui, depuis sa
création présente encore la même topographie, a toujours été placé dans des conditions d'insalubrité manifeste.
Le voisinage du cimetière des Innocens a enfin causé de
tels dangers pour la santé publique, que ce foyer d'infection fut éloigné ; mais il n'y a pas *soixante ans* que cette
cause d'insalubrité a été détruite, et presque toutes les
autres ont persisté, malgré de très notables améliorations
de détails.

L'accroissement de la population, son accumulation
derrière les murailles, à des époques où les guerres civiles
et étrangères l'obligeaient à se défendre ; les inondations,
les famines sont autant de circonstances qui ont influé sur
la santé publique et fait naître de graves maladies.

Avant d'étudier la topographie médicale du quatrième
arrondissement, tel qu'il est actuellement circonscrit, il
m'a paru tout à-la-fois curieux et utile d'exposer d'une manière rapide l'histoire de la *vieille ville,* sous le point de
vue de l'hygiène et de la police médicale. Cette étude comparative des conditions diverses de salubrité, dans lesquelles certains quartiers d'une ville ancienne se sont
trouvés placés à toutes les époques de leur formation, n'a
encore été faite par personne que je sache, et il m'a fallu
puiser à des sources bien nombreuses pour remplir, in-
complètement encore, le plan que je m'étais tracé.

Les historiens de Paris, en rapportant les maladies qui
décimèrent sa population, ont toujours parlé de la ville
en général, et les auteurs, qui récemment ont résumé les
documens si nombreux qui leur avaient été légués par
leurs devanciers, se sont toujours bornés à des généralités

sur les questions de salubrité et d'hygiène publique. J'ai
donc été forcé de feuilleter ces premiers historiens pour y
rechercher des détails confondus ou omis par les auteurs
modernes. Je citerai avec exactitude toutes ces sources,
afin qu'elles puissent servir à ceux de mes confrères qui
désireraient faire, pour l'arrondissement qu'ils habitent,
l'essai médical que je tente pour le quatrième arrondissement.

L'intérêt que m'ont toujours présenté les questions de
salubrité et d'hygiène s'est singulièrement accru, je dois
le dire, depuis que j'ai été placé dans des conditions favorables pour étudier la population indigente, dans ses greniers, ses misères et ses excès. Médecin du bureau de bienfaisance du quatrième arrondissement, je visite ces foyers
de maladie qu'une philanthropie éclairée cherche à étein-
dre tous les jours, et j'ai pu reconnaître, comme tous mes
collègues sont à même de le vérifier à Paris, que la salubrité et l'hygiène y laissent encore beaucoup à désirer, et
que la police médicale devrait être plus sévère.

Ce mémoire se compose de deux parties :

Dans la première, je trace la topographie des quartiers
qui forment le quatrième arrondissement. Les limites, la
nature et la disposition du sol, l'exposition aux vents sont
successivement étudiées.

Pour faciliter l'examen comparatif, auquel je me livre,
de la topographie ancienne de la ville, j'ai accompagné ce
travail de plans multipliés et exécutés avec une scrupu-
leuse exactitude, d'après l'excellent ouvrage de Dalamare.
On peut suivre tous les progrès de l'accroissement rapide
de ces quartiers qui bordent la Seine, et de ceux qui bientôt les ont enveloppés.

Cette revue topographique, je la fais d'abord jusqu'au
dix-huitième siècle; puis, j'examine quelles causes exté-
rieures ou dépendantes du sol ont pu influer d'une ma-

nière fâcheuse sur la santé publique. Ainsi, les *inondations*, l'accumulation des *immondices*, des *boues*, les défauts et l'absence de constructions de fosses d'aisances, le
pavage, l'*éclairage*, le voisinage des cimetières, forment
autant de chapitres spéciaux; toutes ces causes générales
à la ville tout entière agissaient avec plus de gravité encore sur les quartiers primitifs qui ont toujours offert et
conservent encore un entassement fâcheux pour la santé
publique.

Le quartier des halles a toujours servi d'entrepôt, de
magasin à toutes les denrées qui alimentaient la population de Paris; j'ai voulu rendre plus complet ce mémoire
en étudiant les questions de police médicale qui ont préoc-
cupé les magistrats chargés du soin de la santé publique; l'ouvrage si précieux de Delamare (1) m'a presque
seul fourni les élémens de cet examen, et tout en suivant
l'ordre méthodique que je me suis imposé, j'ai fait de
nombreux emprunts à l'œuvre peu connue et trop peu lue
d'un homme de grand mérite. Les fontaines publiques,
l'eau, les grains, le pain, la viande, le poisson, les vins, la
bière fournissent le sujet d'une étude rapide qui permet
au moins, d'établir quelques probabilités sur l'influence
hygiénique que ces alimens ont pu exercer sur la population à diverses époques.

Je termine enfin cette première partie de mon mémoire
par la citation des disettes qui ont eu lieu jusqu'au dix-
huitième siècle, et par l'énumération des maladies qui ont
régné d'une manière épidémique ou endémique plus particulièrement dans les quatre quartiers du Louvre, Saint-
Honoré, des Marchés et de la Banque, qui composent aujourd'hui le quatrième arrondissement.

Paris, 10 juin 1842.

---

(1) Delamare, *Traité de la police*, 4 vol. in-folio, 1705.

PREMIÈRE PARTIE.

CHAPITRE I.

§ I.— Le quatrième arrondissement est situé sur la rive droite de la Seine, au centre de la ville; il est borné à l'ouest par les rues Froidmanteau et des Bons-Enfans, à l'est par la rue Saint-Denis, au sud par les quais, et au nord par la place des Victoires, les rues Coquillière et de la Grande-Truanderie. Il se compose des quartiers du Louvre, Saint-Honoré, des Marchés et de la Banque. La superficie totale est de 560,000 mètres carrés; d'après le recensement fait en 1831, la population des deux sexes composée d'habitans à domicile était de 45,111.

Le sol est bas et sans mouvement de terrain dans les quartiers Saint-Honoré, du Louvre, des Marchés. Dans le quartier de la Banque, il est légèrement incliné du nord au sud.

§ II.—Par un effet naturel du relief du terrain qui place les différens quartiers de la ville en amphithéâtre sur les deux rives du fleuve, ceux de ces quartiers qui sont les plus voisins de l'eau, et par conséquent les plus bas, se trouvent en partie abrités par les quartiers plus élevés qui les dominent, et ceux-ci le sont à leur tour par les quartiers plus hauts qui se terminent aux barrières.

Les quartiers Saint-Honoré, de la Banque sont situés au nord-est, et exposés aux vents du sud-ouest.

Ceux du Louvre et des Marchés sont situés à l'est, et exposés aux vents d'ouest.

Or, les vents qui règnent le plus communément sur l'horizon de Paris sont ceux du sud, du sud-ouest, de l'ouest, du nord et du nord-ouest (1). Sur une année

---

(1) Tableau n° 4, des *Recherches statistiques sur Paris*, vol. 11.

moyenne, déduite d'une série d'observations recueillies à l'Observatoire royal et qui embrassent 21 ans (1806-26), ces vents soufflent pendant 279 jours ou les trois quarts de l'année; ceux d'est, de nord-est et de sud-est, pendant 86; ils amènent constamment avec eux, dans l'été, un ciel pur et de beaux jours; dans l'hiver, un froid vif et piquant.

Les vents de nord-ouest, d'ouest et de sud-ouest au contraire, et nous venons de dire que ce sont les plus fréquens, chargent l'atmosphère de nuages épais, donnent des temps couverts, des jours sombres, des pluies, des brouillards, une température quelquefois molle et chaude, le plus souvent humide et froide.

Le quatrième arrondissement est exposé presque toute l'année aux vents de sud-ouest et d'ouest, il est donc placé dans des conditions peu favorables pour sa température. La proximité de la rivière qu'il borde dans toute sa longueur, l'abaissement presque complet du sol, sa composition sablonneuse qui permet aux eaux de s'infiltrer avec une grande facilité; toutes ces causes générales, réunies, contribuent à augmenter l'insalubrité de plusieurs de ses rues.

———

CHAPITRE II.

TOPOGRAPHIE ANCIENNE.

§ III.—Pendant les trois premiers siècles qui suivirent la fondation de *Lutèce*, son étendue paraît avoir été bornée à celle de l'île de la *Cité*. Les abords de la Seine étaient couverts de marais, de bois. Pendant le quatrième et le cinquième siècles, des faubourgs furent bâtis au midi et au nord, et si on s'en rapporte aux preuves diverses fournies par d'anciens titres, une enceinte de murs aurait été construite sur la rive droite (1); elle commen-

———

(1). Delamare, *Traité de la police*, t. 1, pag. 72.

çait à la Porte de Paris ; continuait le long de la rue
Saint-Denis, où il y avait une porte près de la rue des
Lombards, passait ensuite au cloître Saint-Médéric, où il
y avait une autre porte ; tournait par la rue de la Verre-
rie, entre les rues Bar-du-Bec et des Billettes ; descendait
rue des Deux-Portes ; traversait la rue de la Tixeranderie
et le cloître Saint-Jean, près duquel était une troisième
porte, et finissait sur le bord de la rivière entre Saint-
Jean et Saint-Gervais. Ces noms modernes font mieux
comprendre quelle était cette enceinte.

Il suffit de jeter les yeux sur le plan (n° I) pour se rendre
compte de l'étendue que pouvait occuper cette enceinte :
on remarque que la rue Saint-Denis et l'emplacement de
l'église Sainte-Opportune sont déjà indiqués par des constructions.

Childebert fit bâtir l'an 559, sur la rive droite de la
Seine, une collégiale sous l'invocation de Saint-Vincent,
et qui prit plus tard le nom de Saint-Germain-l'Auxerrois, lorsque, vers l'année 1010, le roi Robert fit reconstruire cette église qui avait été saccagée par les Nor-
mands. (1)

Cette église fut dotée des terres qui l'environnaient, et
par suite des constructions qui ne tardèrent pas à s'élever
à l'entour, il y eut deux bourgs de Saint-Germain-l'Auxerrois (Voir le plan n° II).

Une chapelle, située dans le faubourg septentrional, et
qu'on nommait *Notre-Dame-du-Bois*, fut rebâtie et pourvue de chanoines, lorsque le corps de l'abbesse d'Alme-
nèche, sainte Opportune, y fut apporté en 931. Entre ces
bourgs et la ville de Paris subsistaient encore de grandes
campagnes, des marais qui furent desséchés, ensemencés

---

(1) *Annales de Paris*, t. v, pag. 101, 501.

ou convertis en jardin, et des prés et des vignes que les
propriétaires avaient fait enclore de haies et de fossés pour
se séparer les uns des autres. De là viennent tous les noms
de *Culture* qui se sont conservés à certaines rues.

Entre ces jardins et ces marais, il y avait une certaine
étendue de terre des domaines du roi, qui se trouve nommée dans les anciens titres latins *Campela*, Champeaux ou
Petits-Champs. C'est une partie de ce terrain que les premiers rois donnèrent pour y faire le cimetière de Paris ;
n'estant pas permis en ce temps d'enterrer dans les villes.
Sur une autre partie, se tenait le marché aux bestiaux. Ce
cimetière et ce marché furent placés en cet endroit, parce
qu'il était situé entre la cité, la ville, les bourgs de Saint-
Germain-l'Auxerrois, la Culture-l'Evêque et le Bourg-
l'Abbé, au milieu et assez proche de tous ces lieux. *Philippe-Auguste fist bâtir dans ce marché deux grandes halles,
qu'il fist clore, et y transféra une foire qu'il acheta des religieux de Saint-Lazare, l'an 1183, et il fit aussi clore de
murs le cimetière de la ville, aujourd'huy des Saints-Innocens.* (1)

Quelques historiens de Paris ont semblé hésiter à fixer
l'époque à laquelle ils devaient faire remonter la construction du mur d'enceinte ; un auteur (2) en attribue la fondation à Louis-le-Gros. Nous pensons que l'on peut avoir
quelque confiance dans le récit de Rigord (3), médecin et
historiographe de Philippe-Auguste :

« ..... L'occasion du voyage d'outre-mer, que ce prince
« entreprit l'an 1190, avec une puissante armée, luy pa-
« rut favorable pour persuader aux Parisiens, sous pré-

---

(1) Delamare, *op. cit.*, pag. 75.
(2) Touchard-Lafosse, *Hist. de Paris*, t. 1, pag. 440. — Dulaure,
Hist. de Paris.
(3) Rigord, *De Gest. Philip.-August.*

« texte de leur propre sureté, d'entreprendre cette clos-
« ture qui devoit les mettre à couvert de leurs ennemis
« pendant son absence. Pour leur en faciliter l'exécution,
« le roy se chargea d'indemniser les propriétaires des
« terres et de tous les autres lieux ou passeroient les fon-
« dations des murs et les fossez; le reste de la dépense fut
« faite par les bourgeois. L'ouvrage fut commencé la
« même année et continué sans interruption, tant en l'ab-
« sence du roy, qui ne fut que d'un an, que depuis son
« retour jusqu'en 1211, qu'après vingt années de travail
« le tout se trouva achevé... (1) »

Pour comprendre le développement de cette muraille
et son étendue sur les terrains dont nous faisons la topographie, il est nécessaire de s'aider du nom des rues et des
édifices actuels.

Le mur commençait sur le bord de la rivière en dehors
de l'église de *Saint-Germain-l'Auxerrois* qu'il protégeait,
traversait les rues *Saint-Honoré*, des *Deux-Ecus*, l'emplacement actuel de la *halle au Blé*, les rues *Coquillière*,
Montmartre, etc., et se terminait au-dessus du *quai des
Célestins*, à travers la caserne de l'*Ave-Maria*.

Ces descriptions sont nécessaires pour remplir le but
que nous nous proposons, et qui est d'étudier les conditions générales de salubrité dans lesquelles a dû se trouver
la population des quartiers les premiers construits.

Si on examine le plan (n° III), il est facile de voir que
les quartiers qui composent aujourd'hui le quatrième arrondissement se trouvaient presque complètement formés
par les bourgs de Saint-Germain-l'Auxerrois qui furent
enclos. Déjà cette partie de la ville était la plus peuplée.

Le cimetière des Innocens se trouva dans l'intérieur de

---

(1) Delamare, *op. cit.*

la ville, il eut pour voisinage six petites rues, qui furent
bâties, sous Philippe-Auguste, pour loger les juifs. Ainsi,
dès cette époque (1220), il ne se trouvait plus que vers le
nord des terrains en culture qu ne fussent pas couverts
de maisons.

Un siècle à peine s'était écoulé, que les nouveaux accroissemens des faubourgs forcèrent de les entourer de
fossés et de murs. Commencée en 1367 par Charles V,
cette enceinte, dont la construction fut poussée activement
par Hugues Aubriot, prévôt de Paris, fut enfin termi-
née en 1383 sous Charles VI.

Dès cette époque, les quartiers dont nous faisons l'histoire se trouvèrent non-seulement complétés, mais encore
débordés par les constructions qui s'étendaient jusqu'au
nouveau mur d'enceinte.

En effet, cette clôture commençait au bord de la Seine,
rue Saint-Nicaise, traversait la rue Saint-Honoré, du
Rempart, de Richelieu, le Palais-Royal, la place des
Victoires, la rue des Fossés-Montmartre, rue Neuve-
Saint-Eustache, du Petit-Carreau (voir le plan n° IV).

En se trouvant abrités des vents de l'ouest et du nord
par toutes ces constructions nouvelles, les quatre quartiers du centre furent exposés à d'autres influences plus
ou moins fâcheuses et que nous devons étudier.

§ IV.—Il est facile de voir, sur chacun des plans qui accompagnent ce Mémoire, les diverses transformations qu'ont
subies certaines portions de quartiers. Ainsi en résumé, dès
508, l'emplacement de Sainte-Opportune et de quelques
maisons avoisinant le Châtelet se trouvait entouré par
la première enceinte sur la rive droite de la Seine; les
habitans étaient exposés à toutes les influences maréca-
geuses du sol qu'ils occupaient.

En 1180, tous les terrains au nord étaient couverts par
les maisons qui s'étaient élevées autour de l'église Saint-

Germain-l'Auxerrois, et formaient les deux bourgs de Saint-Germain : le cimetière se trouvait à-peu-près au centre des bourgs qui chaque jour tendaient à s'étendre. Les bois environnans étaient défrichés et mis en culture ; mais à l'ouest, et au sud, les bords de la rivière étaient occupés par des marais.

Sous Philippe-Auguste, en 1220, la nouvelle enceinte enveloppa les bourgs qui jusqu'alors se trouvaient en pleine campagne ; et si les maisons furent garanties de la violence des vents d'ouest et nord par la hauteur des murailles, elles n'en furent pas moins exposées aux inconvéniens qui résultèrent des voisinages des marais qui bordaient la rive gauche, de l'influence des vents du sud, qui y portaient les effluves, et de la multiplicité des fossés qui devinrent de véritables cloaques. La malpropreté excessive des rues força à en paver quelques unes et à prescrire des mesures pour le nettoiement.

Le cimetière des Innocens fut entouré de murs ainsi que les halles, et tout à côté six rues *fermées* furent construites pour y loger les juifs, dont la malpropreté a toujours été proverbiale.

Des champs cultivés avoisinaient encore ces quartiers, qui bientôt devinrent un foyer de contagion.

Il nous suffira maintenant de mentionner quelques-uns des changemens qui se sont opérés dans la topographie partielle des quartiers que nous étudions ; la délimitation qu'ils ont aujourd'hui était dépassée, avons-nous déjà dit, par les constructions qui s'étaient élevées ; mais, jusqu'en 1589, le mur d'enceinte passait à peu de distance du quartier Saint-Honoré et du quartier Saint-Eustache ; de ces côtés il y avait la proximité des champs et le renouvellement de l'air.

Il n'en était plus de même pour les quartiers des Halles, Saint-Germain-l'Auxerrois et Sainte-Opportune, dont les maisons s'étaient entassées, où l'accroissement de la population avait attiré un commerce très actif.

Les espaces libres et en culture au nord-est du quartier des Halles s'étaient à leur tour recouverts de pierres et avaient emprisonné ces quartiers.

En 1643, une partie de l'enceinte de Charles VI avait été détruite pour faire place aux nouveaux quartiers élevés par Henri IV et Louis XIII.

La construction du Pont-Neuf avait nécessité l'exhaussement des quais et des rues aboutissantes, et contribué un peu à la salubrité de cette partie du quartier; mais les Halles avaient toujours dans leur voisinage le cimetière des Innocens, qui depuis onze cents ans servait à l'inhumation de la plupart des paroisses de *Paris!* car les classes les plus riches avaient presque seules le privilège d'être enterrées dans les églises.

L'examen du plan (n° IV) fait voir combien les rues s'étaient multipliées par la subdivision des terrains.

En 1700, sous Louis XIV, de nombreux accroissemens se firent dans la ville, et les quartiers du centre s'en ressentirent; des rues furent alignées, reconstruites et leur terrain très exhaussé en raison du pavage et des pentes que nécessitaient l'écoulement des eaux et des conduites pour les fontaines. Le plan (n° V) permet de suivre tous ces détails.

Une description topographique plus minutieuse nous éloignerait du but de ce Mémoire.

Il nous suffit de décrire la division qui existait alors pour les quartiers suivans :

Le quartier Sainte-Opportune était borné par la rue Saint-Denis, l'Apport-Paris, la rue de la Ferronnerie, y compris les charniers des Innocens, les rues Saint-Honoré, des Prouvaires, du Roule, de la Monnaie, le quai de la Mégisserie.

Le quartier du Louvre ou de Saint-Germain-l'Auxerrois était borné à l'orient par le quartier précédent, au midi par les quais, au nord et à l'ouest par les rues Saint-Honoré et Froidmanteau.

Le quartier Saint-Eustache touchait les précédens au midi.

Le quartier des Halles comprenait la rue Saint-Denis jusqu'à la rue Mauconseil, la rue de la Tonnellerie, et au midi il joignait le quartier Sainte-Opportune.

On voit que les limites actuelles du quatrième arrondissement sont à-peu-près les mêmes que celles qui circonscrivaient alors ces divers quartiers réunis.

CHAPITRE III.

POPULATION.

§ V.—Il nous a été très difficile d'évaluer, avec une approximation probable, le chiffre de la population des quartiers que nous décrivons à diverses époques de la formation. Pour rendre notre travail moins incomplet, nous reproduisons ce qu'en dit Dulaure (*Histoire de Paris*, tom. II, pag. 394).

En 1313 (1), Philippe-le-Bel leva une aide de dix livres par feu. Cette imposition fut répartie par paroisse.

Saint-Germain-l'Auxerrois fut taxé à   2,361 livres.
Saint-Eustache à. . . . . . .   1,500 —
Les Saints-Innocens. . . . .   82 —
Saint-Opportune. . . . . .   286 —
Saint-Jacques-de-la-Boucherie. . . 2,740 —

Ces chiffres indiquent la force respective de chacune de ces

(1) *Chronique* de Jean-de-Saint-Victor.

2

paroisses, et par conséquent le nombre proportionnel de
feux ou *familles imposées*. En prenant le dixième des chiffres précédens, l'on obtient les évaluations suivantes, qui
ne peuvent d'ailleurs faire connaître que le nombre de
familles sans indiquer la quotité de leurs membres. Ainsi,
sur ces 5 paroisses, il y avait à cette époque : 236 + 150
+ 8 + 28 + 274 , ou, au total, 696 familles imposées. On
ignore complètement le chiffre des familles *non imposées*.

En 1474, sous Louis XI, la population avait été décimée
par les guerres et les maladies contagieuses. On l'évalue
cependant à *cent trente mille âmes* pour la ville de Paris.

En 1555, sous Henri III, la population se trouvait portée à environ *deux cent mille âmes*.

Pauvres. Indigens.

§ VI.— Il n'est pas plus facile de connaître, pour les quartiers que nous examinons, la proportion de la *population
pauvre, indigente* à ces époques.

Il existait dans Paris (1), une grande quantité de voleurs et *gens mécaniques* qui passaient le nombre de *six,*
voire de *sept mille.*

En 1552, Paris contenait *huit à neuf mille pauvres.*

Les maisons, qui entourent le quartier des Halles, la rue
Saint-Germain-l'Auxerrois, ont toujours eu le privilège
de loger la population indigente, alors surtout que le Marais était le quartier de la noblesse et de la magistrature ;
on peut donc présumer que, sur les 16,000 pauvres ou
voleurs, le centre de Paris, où le voisinage des marchés
rendait la vie moins chère, en comptait au moins *un quart.*

Dans le recensement qui fut fait en 1590, le nombre
des *pauvres* s'élevait à *douze mille trois cents.* (2)

---

(1) Nicolas Poussin ; *Journal de l'Estoile,* pag. 240.
(2) *Journal de Henri IV,* t. II, pag. 265.

Ces chiffres se sont accrus aux époques de disette, et à mesure que la population s'est augmentée. Nous verrons plus tard, en nous basant sur des renseignemens authentiques, quel est le nombre des pauvres du quatrième arrondissement et quelles ont été, aux diverses époques, les variations de la *mortalité*.

Nous passons maintenant à l'examen des diverses causes d'insalubrité qui ont agi depuis la création de ces quartiers jusqu'à l'époque (1710) où nous nous arrêtons pour le moment.

CHAPITRE IV.

INONDATIONS.

§ VII.— La disposition du sol sur les bords de la Seine, le peu d'élévation de ses rives qui permettaient aux eaux de séjourner dans des marécages et des prés, l'entourage de ses bois, augmentèrent pendant long-temps l'humidité habituelle et la température froide que l'on y observe ; mais, en outre, les débordemens qui résultèrent, soit des pluies de l'hiver, soit du resserrement successif du lit du fleuve, furent la cause de maladies nombreuses et très meurtrières.

La construction des quais magnifiques, qui de nos jours bordent la Seine, a donné lieu à l'exhaussement considérable de ses bords, et sur la rive droite, on a quelque difficulté de se faire une idée de l'état ancien qu'elle présentait.

Mais ces inondations ne furent que trop fréquentes, et la citation de quelques-unes de ces calamités fera comprendre toute la gravité de leurs suites.

L'an 583, il y eut une inondation si grande à Paris, qu'entre la Cité et la basilique Saint-Laurent (depuis nommée Saint-Lazare), on ne pouvait aller qu'en ba-

2.

teaux (1). En 886, 1196, 1206, il en survint de nouvelles.

Au commencement de janvier 1281, les ponts furent rompus, l'on ne pouvait aller des quartiers Saint-Denis et de la Cité, jusqu'à la croix des Carmes, que par bateaux. (2)

Des débordemens eurent lieu en 1296, 1325, 1407, 1493. En mémoire de cette dernière calamité, on érigea, au coin de la *Vallée de Misère* (3), un pilier portant une image de la Vierge, et sur lequel fut gravée cette inscription:

> Mil quatre cens quatre-vingt-treize,
> Le septième jour de janvier.
> Seyne fut ici à son aise,
> Battant le siège du pillier.

Ces débordemens se renouvelèrent en 1547, 1649, 1651, 1658, 1665, 77, 90, 1711, etc...

Des inondations si fréquentes avaient pour résultats de renverser les maisons, de laisser séjourner *l'eau dans les fossez et les caves et d'y répandre à l'entour putréfaction et mauvais air.*

Pavage. Nettoiement des rues.

§ VIII. Pendant plusieurs siècles, la malpropreté de la ville de Paris fut excessive, et sa situation au pied d'une colline élevée, sur un fond sablonneux et humide, proche d'un marais, la rendait si sale, d'un accès et d'un commerce si difficile et si incommode, que de cette imperfection quelques-uns ont prétendu qu'elle avait été nommée *Lutetia* (*a luto*). (4)

---

(1) Grégoire de Tours; livr. v, chap. 25.
(2) *Hist. de saint Louis*, par Joinville, édit. 1668, pag. 31.
(3) On donnait le nom de *Vallée de Misère* à la partie du quai de la Mégisserie qui s'étend depuis l'*abreuvoir Popin* jusqu'à l'extrémité septentrionale du *Pont-au-Change*.
(4) Delamare, t. iv, pag. 171.

Quoi qu'il en soit, ces inconvéniens subsistèrent jusqu'à Philippe-Auguste. Ce prince, se trouvant incommodé des exhalaisons poussées par les immondices des rues, qui pénétraient jusque dans son palais, et qui causaient plusieurs maladies fâcheuses, ordonna au prévôt de Paris, en 1184, de faire paver toutes les rues et toutes les places publiques de la ville. (1)

Ce pavage fut fait en pierres dures (cailloux, *silices*), et pendant long-temps entretenu de pierres de cette nature. Plus tard, on lui substitua le grès.

L'entretien du pavé fut très négligé, ainsi que le nettoiement des rues, et Charles VI, considérant *que les pavemens des chauciées sont moult empiriez et tellement descheuz, en ruine et dommaïgiez, que en plusieurs lieux l'en ne peult bonnement aler à cheval ne à charroy, sans très grans périls et inconvéniens* (2), ordonna, par lettres patentes du mois de mars 1388, le rétablissement du pavé et du nettoiement des rues.

On ne pava que les rues qui formaient ce qu'on nommait *la croisée de Paris*. En 1400, les rues, dont les noms suivent et font partie des quartiers que nous étudions, étaient pavées : les rues de la Saunerie, Saint-Germain jusqu'au Louvre, le pourtour du Châtelet, la rue Saint-Denis, le carrefour des Innocens, la rue de la Cossonnerie, de la Petite-Truanderie, la rue Saint-Honoré (3). Le pavage fut étendu pendant les siècles suivans à beaucoup de rues et surtout aux quais. La construction des ponts détermina l'élévation considérable du sol de toutes les rues qui y aboutissaient, et servit à garantir quelques

---

(1) Rigord, *Philip. Aug. gest.*; Recueil des histor. de France, tom. XVII, pag. 16.

(2) *Livre rouge du Chastelet*, fol. 113.

(3) *Livre rouge*, fol. 217.

parties de ces quartiers des inondations si fréquentes dans les temps reculés.

Cet exhaussement du sol eut aussi lieu dans beaucoup de quartiers, par suite des constructions qui s'y élevèrent successivement; ainsi, lorsqu'après 1572, Catherine de Médicis eut fait bâtir l'hôtel, nommé d'abord *Hôtel de la Reine*, puis *Hôtel de Soissons*, sur l'emplacement occupé aujourd'hui par la halle aux Blés, le sol de cet emplacement fut exhaussé de 14 pieds. (1)

Quand il n'y avait encore qu'un petit nombre de rues pavées, l'enlèvement des boues et des immondices se faisait d'abord par le soin des habitans qui s'associaient pour louer un tombereau commun et les porter aux champs. Mais le zèle des habitans cessa bientôt, et en 1348, le prévôt de Paris rendit une ordonnance, qui condamne à 3 livres parisis d'amende ceux qui laisseront quelques immondices ou ordures sur les rues et ceux qui nourriront des pourceaux. *Le sergent qui les tuera en aura la tête, les Hôtels-Dieu en auront les corps en payant les porteurs.* (2)

Malgré ces ordonnances, le nettoiement se trouva si fort abandonné, surtout dans les rues où les grands seigneurs demeuraient, que Charles VI, par lettres-patentes de 1388 et 95, commit le prévôt de Paris à contraindre les habitans sans égard à l'autorité, à la noblesse, ni aux privilèges, *sur peine de soixante sols d'amende, et d'estre mis en prison au pain et à l'eau. Défense qu'aucun, sur ladite peine, ne jette eau sur rue par fenêtres à Paris.*

Ces rigoureuses défenses ne firent que changer la nature du mal, et la plupart des habitans qui n'étaient pas fort éloignés de la rivière y jetaient les immondices, de telle sorte *que la Seyne se trouva remplie d'ordures;* cela fit

(1) *Mélanges d'histoire*, par Terrasson, page 1.
(2) *Livre rouge du Chastelet*, fol. 52-97.

craindre que l'eau n'en fût infectée, et qu'il n'en arrivât des maux bien plus grands. En 1404, par lettres-patentes, le roi ordonna le curement de la rivière *aux frais de tous les contrevenants habituels, de quelque estat ou condition qu'ils soient ou puissent être.* (1)

Les nombreuses citations que nous faisons font connaître d'une manière précise dans quel état d'insalubrité se trouvaient tous les quartiers de Paris, et c'est par les défenses si souvent renouvelées que l'on peut comprendre toute la gravité du mal.

En 1476, par arrêt, le parlement se charge de l'administration de cette partie de la police, et commet deux conseillers de la cour, dans chaque quartier de la ville, pour ordonner ce qu'ils jugeront plus avantageux pour le bien public.

En 1539, François Iᵉʳ fait publier une ordonnance très détaillée, en 32 articles qui résument toutes les défenses antérieurement prescrites.

Les articles 28 et 29 sont ainsi conçus :

« Inhibons et deffendons à tous bouchers, chaircutiers,
« rotisseurs, boulangers, regrateurs, revendeurs de volail-
« les, poulailliers, tauerniers, laboureurs, gens de mes-
« tiers, et toutes autres personnes de quelque estat ou
« condition qu'ils soient de tenir, faire tenir, nourrir en
« quelque lieu que ce soit esdite ville et fauxbourgs d'i-
« celle aucuns pourceaux, truyes, cochons, oisons, pi-
« geons, connils, soit pour vendre, pour leur vivre, en-
« tretenement de leurs maisons, ne pour quelque cause,
« occasion ou *couleur* que ce soit..... sous peine de confis-
« cation des choses susdites, et de punition corpo-
« relle. (2) »

_____

(1) *Livre rouge*, fol. 227.
(2) Fontanon, t. 1, liv. v, pag. 876.

Il résultait donc de grands inconvéniens de l'entretien de ces animaux et oiseaux pour nécessiter des mesures si rigoureuses? car, en administration surtout, on ne sévissait qu'après longue durée d'abus et d'inconvéniens.

On doit toutefois reconnaître que, dès ces époques, la santé publique était prise en considération; des ordonnances de Henri IV, en 1608, portent : articles 6, 7, 8.

« Art. 6. Défendons à tous bouchers de jeter aucun « excrément de bête dans la rue, n'i faire écouler par « légout de leurs maisons, ou bien porter aux ruisseaux « sang de bœuf ou autres bêtes, eaux où ils ayent lavé « chair et tripailles ; leur enjoignant les faire transporter « hors la ville, sur peine de dix livres parisis d'amende. »

« Art. 7. Défendons aussi sur les mêmes peines à toutes « personnes de jetter ou faire vuider par les fenêtres de « leurs maisons, tant de jour que de nuit, urines, excré- « mens, n'i autres eaux quelconques; leur enjoignant faire « porter au ruisseau de la rue lesdites eaux ou urines, et « à l'instant y faire jetter un seau d'eau nette. »

« Art. 8. Défendons aux maistres fify et des basses œu- « vres, de ne laisser épandre par les rues nulles ordures « ou excrémens, en vuidant les basses fosses et retraits, « sur les mêmes peines de dix livres parisis. »

Un arrêt du conseil du roi, en date de 1638, nous fait connaître l'emplacement des diverses voiries où les *entrepreneurs du nettoyement* devront porter les immondices.

« Article XVI..... Celuy (l'entrepreneur) du quartier « de la rue Saint-Denis, des Halles, Sainte-Opportune et « Saint-Jacques-la-Boucherie (les portera) proche la « fausse porte Saint-Denis, Saint-Lazare et de la porte « Montmartre. Celuy du quartier Saint-Honoré, de Saint- « Germain, quartier du Louvre et quartier Saint-Eus- « tache, à la voierie qui est entre la Porte-Neuve et la « porte de la Conférence. »

Eu 1650, la ville devint de nouveau si malpropre que *l'on ne pouvait y marcher qu'en bottes ; les gens de robe étaient même obligés d'aller au palais en cet équipage.* (1)

Le Parlement publia, en 1663, un réglement général pour le nettoiement de la ville. Les défenses faites si souvent sont renouvelées ; nous y lisons :

« Art. XXII. Et attendu l'infection et mauvais air que « cause la nourriture des porcs, pigeons et lapins en cette « ville, fait défense d'en élever..... à peine de trente « livres parisis d'amende et de confiscation. »

« Art. XXIII. Enjoint à tous propriétaires de maisons, « où il n'y a fosses et retraits d'y en faire incessamment « et sans délai. »

Malgré la publication si fréquente desdites ordonnances où la sévérité avait été croissante, puisque de *trois livres* parisis, l'amende s'élevait à *trente livres,* Paris devint encore une fois un cloaque, et un conseil de police fut institué en 1666. Louis XIV avait l'intention qu'on s'appliquât surtout à perfectionner le nettoiement, et il avait dit : qu'*il marcherait exprès dans les rues pour voir si ses ordres à cet égard étaient exécutés.*

La charge de lieutenant de police fut créée en 1667 et occupée par de la Reynie. Depuis cette époque, de grandes améliorations furent apportées dans tout ce qui touchait à la salubrité et à la sûreté publiques.

Eclairage.

§ IX. — L'établissement des lanternes contribua surtout au maintien de cette dernière. Mais les dépenses pour le nettoiement des rues et l'entretien des lumières publiques devinrent si considérables, qu'en 1701 la somme de 300,000

(1) Delamare, t. IV, pag. 222.

livres fut imposée, par chaque année, sur la ville et répartie entre les vingt quartiers :

Sur le quartier de Sainte-Opportune, onze mille livres ;

Sur le quartier du Louvre ou de Saint-Germain-l'Auxerrois, douze mille livres ;

Sur le quartier du Palais-Royal ou Saint-Honoré, seize
mille cinq cents livres ;

Sur le quartier Saint-Eustache, treize mille livres ;

Sur le quartier des Halles, huit mille livres ;

Sur le quartier Saint-Denis, dix-sept mille livres.

Tous les propriétaires des maisons de Paris rachetèrent
l'imposition, *au moyen de quoi sa majesté se chargea* pour
l'avenir de l'entretien des lumières publiques et de la dépense du nettoiement des rues.

En recherchant quelles ont pu être les proportions suc-
cessives des chiffres de la population dans les quartiers qui
nous occupent, nous avons déjà vu qu'il n'existait que
fort peu d'élémens pour les établir : aussi est-il intéressant
de pouvoir se baser pour cette évaluation sur toutes les
données (§ VIII) que nous rencontrons éparses. C'est ainsi
qu'on peut juger, par la quotité de cet impôt par chacun
des quartiers, combien avait été considérable l'accroissement de la population qu'ils renfermaient.

Latrines, fosses d'aisances, voiries.

§ IX *bis.* — Nous avons indiqué (§ VIII) quel était, en
1638, l'emplacement des voiries servant de décharge pour les
immondices des quartiers dont nous faisons l'histoire. Ces
terrains devaient être fournis par les seigneurs hauts-justiciers, et avoir une étendue suffisante pour contenir le dépôt des immondices de leurs justices. Les laboureurs venaient les enlever à mesure qu'on les y portait.

Il est difficile d'établir si ces mêmes voiries ne servirent
pas pendant long-temps de dépôts aux matières fécales.

Nous avons cité plus haut quelques articles d'ordonnances qui indiquent que les habitans furent tenus de faire construire dans leurs maisons des fosses particulières nommées *privés* ou *latrines*.

Il ne paraît pas qu'il y ait eu autrefois (sur l'emplacement du quatrième arrondissement) de voirie publique destinée à ce dépôt. On les a placées à Montfaucon, aux faubourgs Saint-Marcel et Saint-Germain, *dans des lieux éloignés de la ville, des grands chemins et des villages;* « parce que, est-il dit (1), il est à craindre que l'infection « de l'air ne se communique aux maisons qui en sont trop « proches, et ne cause des maladies contagieuses. — Pour « la conservation des vivres et des denrées que l'on porte « à Paris, surtout, *à cause du pain que les boulangers amè-* « *nent, il est toujours frais et presque chaud, par conséquent* « *plus susceptible d'impression, et capable d'attirer l'air* « *infecté.* »

Ce dernier motif nous a semblé assez bizarre pour en faire mention.

CHAPITRE V.
DES HALLES ET MARCHÉS.

§ X. — Le quartier des marchés est de tous ceux qui composent le quatrième arrondissement, celui qui nous occupera le plus sous le rapport de la salubrité et de la police médicale; aussi ferons-nous avec détails l'énumération des divers marchés qui y ont été établis et des causes d'insalubrité, d'infection qu'il a exercées sur les quartiers environnans.

Halles aux grains.

§ XII. — Les accroissemens de Paris du côté du nord enga-

---

(1) L'Écler du Brillet, *Traité de la voirie*, t. IV, pag. 283.

gèrent Louis-le-Gros à établir un marché sur la terre de Champeaux qui lui appartenait. Ce marché était au milieu de la campagne, et ouvert de tous côtés. Philippe-Auguste y fit bâtir deux grandes halles couvertes et les fit clore de murs et fermer avec des portes, l'an 1183. Tous les grains qui venaient de la France, de la Picardie, du Vexin et des autres provinces, excepté la Beauce et le Hurepoix, y étaient déchargés et exposés en vente. (1)

Marché aux bestiaux.

§ XII.—Le marché des bœufs et des porcs se tint pendant long-temps aux Champeaux sur cette partie occupée par les rues Saint-Honoré, Tirechappe, des Bourdonnais, de la Limace et des Déchargeurs. En 1410, ce marché fut transféré hors l'ancienne porte Saint-Honoré.

Boucheries.

§ XIII. — La première boucherie était située au parvis Notre-Dame, à l'extrémité de l'île de la Cité. Lorsque la ville s'étendit sur la rive droite de la Seine, on bâtit quelques étaux sur une place proche et hors l'ancienne Porte de Paris, vis-à-vis la forteresse du Grand-Châtelet. En 1096, un riche bourgeois, nommé Guerchi de la Porte, donna aux religieux de Saint-Martin-des-Champs une grande maison, située à la Porte de Paris. Ils y firent construire 23 étaux de bouchers.

En 1416, les nombreux établissemens, qui s'étaient réunis sous le nom de grande boucherie, furent démolis par lettres patentes du roi Charles, et deux ans après, reconstruits au même lieu. Cette boucherie subsista, et en 1710, il y existait encore 29 étaux. A cette époque, les vingt quartiers de Paris étaient fournis par 48 bouche-

---

(1) Rigord ; *op. cit.*

rics comprenant 307 étaux; elles étaient ainsi réparties :

Quartier de Sainte-Opportune. Bouche-
 rie de Beauvais, formée rue Saint-
 Honoré, en 1416. . . . . 32 étaux.
Quartier Saint-Eustache : . . . . 13 —
Quartier des Halles. . . . . . . 4 —
Quartier Saint-Honoré. . . . . . 12 —

Ces citations ne sont pas inutiles, car elles font concevoir tous les inconvéniens qui devaient résulter pour la santé publique de *tueries* aussi nombreuses, au centre même des quartiers populeux, humides et resserrés.

Malgré le voisinage de la rivière et les ordonnances de police constamment renouvelées sur les précautions sanitaires à prendre, les tueries, par la négligence des bouchers, causèrent toujours beaucoup d'incommodités aux localités environnantes par l'écoulement du sang et des eaux de lavage qui séjournaient dans les ruisseaux. En 1363-66-76, de nombreuses réclamations demandèrent le changement de ces tueries.

On les renouvela inutilement, et en 1691, on rejetait ces demandes, et on permettait de laisser dans les villes les tueries de bestiaux, *pourvu qu'elles soient closes, et entretenues nettes par le prompt enlèvement des immondices* (1). Conditions qui ne furent jamais exécutées.

Les bouchers cherchaient souvent à tromper, soit en vendant *de la chair malade pour saine, soit en cachant le défaut des viandes.* Car, selon l'ordonnance de 1399, pres-
« que tout au long du jour, ils avoient et tenoient gran-
« des foisons de chandelles allumées en et sur leurs étaux,
« par quoy souventes fois les chairs qui estoient jaunes,

(1) Delamare, t. ii, pag. 1274.

« corrompues et flestries, semblaient aux acheteurs très
« blanches et fraîches sous la lueur d'icelles chandelles. »

En 1525, il était défendu de vendre *chairs morveuses
et infectées.*

Charcutiers.

§ XIII *bis*.— Dès l'origine des halles et leur construction, chaque corps de marchands et chaque communauté
d'artisans eurent leurs jours de la semaine, les uns après
les autres, pour exposer en vente leurs marchandises, leurs
ouvrages et denrées. En 1710, les *charcutiers* de Paris, au
nombre de quarante, avaient leurs places aux halles et y
vendaient chaque jour de marché, depuis 2,500 livres jusqu'à 4,000 ivres de chairs ou de lards. Les charcutiers
forains en délbitaient une quantité plus considérable.

Marchands de volailles.

§ XLV.—Pendant long-temps les marchands de volailles
prirent le nom de *poulailliers*. Ils restaient tous les jours
proche le Châtelet, et le samedi de chaque semaine, avec
les forains, à la place qui leur était destinée aux halles,
rue de la Cossonnerie. Plus tard, on fit placer les marchands de Paris sur cette partie des quais connue aujour-
d'hui sous le nom de *quay de la Mégisserie*. Ce lieu en
avait pris alors le nom de *la vallée de Misère* du grand
nombre d'animaux que l'on y faisait mourir.

En 1671, une halle à la volaille devait être construite
au milieu d'une vaste place isolée par les rues de la Truanderie, Verderet, Mauconseil et Comtesse-d'Artois, mais
« les concessionnaires acquérirent une place de médiocre
« étendue, proche la rue de la Truanderie, et cette halle
« se trouva renfermée dans un très petit espace pratiqué
« au milieu de plusieurs maisons extrêmement pressées, et
« d'une élévation extroardinaire, sans air, sans ouverture,
« à couvert de tous les vents, et dans une disposition

« toute propre à produire la peste ou d'autre maladie par
« la puanteur et la corruption... »

En 1679, le marché à la volaille fut transféré sur le
quai des Augustins, où il est encore aujourd'hui.

Nous avons vu précédemment (Chapitre v, § VIII) avec
quelle rigueur devaient être punis ceux qui élevaient dans
Paris des oiseaux ou des porcs, et quelle était le plus ordinairement l'inutilité de ces ordonnances. On peut déjà
juger de la réunion des causes d'insalubri é qui ont existé
si long-temps dans le quartier des Marchés qui nous occupe. Aussi ne doit-on pas être étonné de la rigueur avec
laquelle on traitait les malheureux atteints de la *lèpre* ou
de la *peste*, dénomination générique par laquelle on désignait toute maladie contagieuse ou épidémique.

Il était fait défense, par ordonnances de 1498, de garder
plus d'un jour de la viande cuite pour la vendre.

Une ordonnance de 1511 défend à tous poulailliers de
vendre aucune volaille *morte d'elle-même*. (1)

On n'indique pas quel pouvait être alors le moyen de
vérification..

Marchés au poisson.

§ XV. — Saint Louis acquit d'une famille nommée Alby
un petit fief, situé vis-à-vis la halle de Philippe-Auguste, et
y fit construire deux halles couvertes et fermées, l'une qu'il
fit remplir d'étaux pour y exposer en vente le poisson de
mer frais, et l'autre pour y servir le poisson de mer salé. Près
du parquet à la marée, plusieurs places furent réservées
pour de pauvres femmes revendeuses de poisson en détail.
Ces places ont été nommées depuis : *places de Saint-Louis.*

La vente du poisson d'eau douce se faisait rue de la
Cossonnerie à l'injure du temps. « En 1661, le premier

---

(1) *Livre rouge*, fol. 34.

« valet-de-chambre du duc d'Anjou, obtint la permission
« d'établir un marché de poisson d'eau douce, dans une
« maison sise rue de la Cossonnerie, tenant à la halle,
« tant pour la commodité publique que pour celle des
« propriétaires et locataires des maisons de ladite rue, où
« pendant les chaleurs l'infection du poisson est si gran-
« de, qu'elle cause de dangereuses maladies à un chacun. »

Plusieurs ordonnances de la Reynie furent nécessaires
pour forcer les marchandes à se tenir dans cette halle qui
ne fut occupée d'une manière continue que vers 1683.

La vente de poisson de mer n'avait pas toujours lieu
d'une manière régulière, et les retards entraînaient la corruption du poisson et sa mauvaise odeur. Des ordonnances de 1270, 1320 et 1496 punissent les délinquans.

Ce qui excitait surtout les plaintes des bourgeois des
environs des halles, *c'était la puanteur insupportable des
eaux des trempis qui avaient servi à dessaler le poisson de
mer.* (1)

Les marchands dissimulaient la corruption et les altéra-
tions du poisson de mer avec de la chaux ou d'autres
substances.

Quelques ordonnances de police rappellent les condam-
nations portées contre les marchands de poisson d'eau
douce qui *était défectueux.*

Marché aux fruits et légumes.

§ XVI.—Les fruits, le beurre, les fromages et les œufs se
vendaient à la halle par les mêmes personnes qui étaient
connues sous le nom de *Regratiers de fruits.* Ces marchands
se réunirent en communauté et reçurent des statuts en
1258 du prévôt Etienne Boileau (2), ils prirent le nom de
marchands fruitiers, en 1412.

(1) *Livre bleu du Chastelet*, fol. 66.
(2) *Mestiers de Paris*, vol. 1, fol. 85.

Les réglemens leur défendaient de vendre des produits *altérés, ou dommageables à la santé,* sous peine d'amende et de confiscation de toute marchandise,

La vente de tous les légumes se faisait aussi aux halles; il en résultait une accumulation journalière de débris de feuilles, dont l'enlèvement n'avait pas lieu convenablement, et la présence de ce fumier augmentait la malpropreté de ces quartiers. En 1663 et en 1728, des réglemens spéciaux furent publiés pour punir de *cinquante livres d'amende* et *de la prison* les jardiniers fruitiers et tous autres qui laisseraient dans les marchés ou jetteraient pieds et feuilles d'*artichaux, choux, écosses de pois, fèves,* etc.

D'après les anciens statuts des jardiniers de Paris, « il « était ordonné aux jurés de visiter tous les jours et en « tout temps les fruits et les légumes qui arrivent aux « halles, de saisir toutes les marchandises gâtées et indi-« gnes d'entrer dans le corps humain.

« ..... Défense aux revendeurs de garder en leurs mai-« sons ou ailleurs pendant la nuit des fruits ou herbes, de « crainte qu'ils ne s'y corrompent ou pourrissent.

« ..... Défense à toutes personnes de fumer aucune « terre de fumier de pourceaux, pour y planter ou semer « aucunes choses dépendantes du jardinage, celui qui aura « fait la faute sera condamné en deux écus d'amende. (1)

« ..... Sous les mêmes peines, il est défendu de fumer « les terres destinées aux légumes avec des matières fécales « qui n'auront pas séjourné pendant *trois ans* dans les « fosses des voiries. »

La crainte des dysenteries et des fièvres a fait défendre à diverses époques la vente des melons et des raisins.

La réunion de ces nombreux marchés dans un espace fort resserré, le défaut ou la négligence du nettoiement,

(1) *Statuts des jardiniers,* lettres patentes de 1599.

3

ainsi que l'inobservation des réglemens contribuèrent au développement des maladies qui à différentes époques décimèrent la population des quartiers environnans, comme nous le verrons bientôt ; mais il est utile d'étudier auparavant l'influence hygiénique de l'alimentation et des boissons.

CHAPITRE VI.

§ XVII.— Nous avons indiqué, dans le chapitre précédent, la situation du marché aux grains et farines. Les marchands étaient forcés d'y amener leurs produits, et de les y laisser jusqu'à entière vente.

La fréquence des disettes faisait redouter tout accaparement des grains, et leur cherté excessive.

Altération des blés et farines.

On avait aussi sévi contre ceux qui altéraient les blés ou la farine ; à des époques fort reculées, des peines ont été portées contre les délinquans.

Il paraîtrait que l'amende ne suffisait pas, car en 1542, un marchand de blé et un boulanger, *pour raison des faussetez, fards de blé, abus et malice,* furent condamnés *à estre bastus et fustigés nuds de verges ès halles de Paris, jour de marché.*

Boulangers. — Pain.

§ XVIII.— Les fours banaux suffirent pendant longtemps pour les habitans des bourgs situés sur la rive droite de la Seine ; mais, par suite des accroissemens de la ville et du mélange de la population, les boulangers, ou *talmeliers,* comme on les désignait, s'établirent en communauté, ainsi que le fait connaître le réglement d'Etienne Boileau, prévôt de Paris sous saint Louis.

En raison, sans doute, du voisinage des halles où ils

vendaient le pain, rue aux Fers, les boulangers établirent leur confrérie à l'église Saint-Honoré.

Les boulangers étaient tenus de faire de *bon* pain, à peine de confiscation. Mais vers l'an 1156, on distingua suivant le degré de bonté ou de blancheur : 1° le pain chailli ; 2° le pain coquillé ou bourgeois ; 3° le pain bis, pain faitis, ou pain de brode. Plus tard, on inventa une quatrième espèce de pain très blanc, appelé *pain de chapitre* (1), *dont la pâte était broyée avec les pieds, après qu'ils étoient beaucoup lasvez en eau chaude.* Vers 1660, les boulangers employèrent la levure de bière, le lait et le sel.

Ce mélange de la levure de bière dans la pâte préoccupa beaucoup les magistrats chargés de la police, et le 2 mars 1668, tous les docteurs de la faculté de Paris furent consultés pour dire si ce mélange pouvait préjudicier à la santé. *Il y en eut trente qui approuvèrent cet usage, et quarante-cinq qui furent d'avis contraire ;* ainsi à la pluralité des voix, l'usage de la levure de bière dans le pain fut condamné *comme préjudiciable à la santé.*

Après avoir connu l'avis de cette assemblée, le parlement ordonna que sur le même sujet seraient consultés six célèbres médecins, et six des notables bourgeois. — *Leurs opinions furent partagées ;* et un arrêt de 1770 décida la question : « Il fait défenses aux boulangers d'employer « d'autre leveure de bière dans le petit pain, que de celle « qui se fait dans la ville, prévosté de Paris, *fraische et* « *non corrompue*, à peine de CINQ CENS LIVRES d'amende. »

Il était arrivé très fréquemment, et surtout dans les temps de disette, que les boulangers employaient de mauvais grains ou de la farine gâtée ; ces abus ne se renouvelèrent que trop souvent, mais quand la surveillance eut

_____

(1) *Réglement de pol.* de 1567.

été établie, on punit sévèrement ceux qui commirent ce délit.

En 1699, un boulanger, qui avait employé de la farine aigre et défectueuse, fut condamné à cinq cents livres d'amende, son four démoli, et sa boutique fermée pendant six mois.

Le nombre des boulangers s'augmenta avec la population. En 1710, il était de cinq à six cents pour Paris, en outre neuf cents venaient des environs. A cette époque, aux grandes halles, il y avait 342 places de boulangers.

Si on ajoute foi aux récits des historiens, pendant certaines disettes (1), « on fit pour les pauvres une sorte de « pain avec du son et de l'avoine.

« Les pauvres imaginèrent de pulvériser l'ardoise et « d'en faire une espèce de pâte. Ils allèrent plus loin et » déterrèrent les ossemens des morts. Ces os, réduits en « poussière, formoient un aliment qu'on nomma le pain « de madame de Montpensier. »

Quelle que soit l'exagération de pareils récits, on comprend quelles graves maladies devaient décimer une population réduite à de si affreux besoins.

Eaux publiques. Fontaines:

§ XIX. — Pendant les premiers siècles, les habitans de Paris, étant très voisins de la Seine, y puisaient l'eau nécessaire à leurs besoins. Les habitans des bourgs creusèrent des puits.

Au commencement du treizième siècle, on amena dans Paris les eaux des sources de Belleville par un aqueduc construit sous terre, partie en rigoles ou éviers, partie en tuyaux de plomb; on les distribua : 1° aux halles; 2° rue Saint-Denis, près l'église des Innocens; 3° rue Saint-

(1) *Journal de l'Estoile*, juin, 1590.

Martin, au coin de la rue Maubuée. Ces sources ne fournissaient que *huit pouces d'eau.*

Les particuliers et les nobles s'emparèrent de ces eaux en les détournant et en les amenant dans leurs maisons, de sorte que les fontaines publiques ne fournirent plus d'eau. Henri II, en 1554, les fit rétablir en supprimant celles des particuliers.

Mais pendant les guerres civiles, les fontaines de Paris étaient tombées en ruines: on les avait si fort négligées, que les conduites de la plupart des eaux étaient perdues. On s'occupa de les rétablir dès 1601, et ce ne fut que trente ans après que les fontaines furent alimentées.

On avait amené les eaux des sources des Prés-Saint-Gervais qui fournissaient vingt pouces, et en 1608, la pompe de la Samaritaine, près le Pont-Neuf, était achevée. Cependant les fontaines publiques que l'on avait multipliées étaient à sec, et afin de fournir de l'eau aux parties de la ville qui en avaient le plus grand besoin, on construisit, en 1670, la pompe Notre-Dame.

En 1735, les quartiers que nous étudions étaient alimentés par les fontaines qui étaient situées : 1° à la Porte de Paris, derrière le Châtelet ; 2° près l'église des Innocens ; 3° aux Halles ; 4° rue de l'Arbre-Sec, à la Croix du Trahoir : 5° près l'hôtel de Soissons, rue Coquillière.

En parlant du nettoiement des rues de Paris, nous avons cité quelques-unes des ordonnances qui défendaient de jeter dans la rivière de la Seine les boues, fumiers et ordures, et nous avons fait remarquer que ces défenses n'étaient pas observées.

Il faut arriver jusqu'en 1567 pour trouver des ordonnances qui règlent les mesures que doivent suivre certaines professions, telles que les bouchers, tripiers, harangers, mégissiers, tanneurs et teinturiers, qui altèrent l'eau de la rivière ou nuisent à la salubrité.

« Ils doivent tenir pendant le jour le sang, peaux,
« trempés et vuidanges dans des tines et autres vaisseaux
« couverts, et les vuider de nuit seulement dans la rivière,
« à manière que les habitans voisins n'en soient infectés,
« ni l'usage de la rivière incommodé le long du jour. »

Toutes ces professions restèrent pour la plupart au
centre de Paris, et sur les bords de la rivière. « En 1673,
« Louis XIV ordonna que tous les tanneurs et teinturiers
« logés dans la rue de la Tannerie, et ceux qui sont *dans*
« *les autres quartiers de Paris sur le bord de la rivière* fus-
« sent tenus de se retirer en un autre lieu commode des
« environs de la ville. »

Sur les bords de la rivière l'eau était tellement altérée
par les immondices de toute nature qui y étaient jetées,
« que l'on fut obligé de défendre aux porteurs d'eau de
« puiser ailleurs qu'au courant et plus fort de la ri-
« vière. »

Vin. Bière ou cervoise.

§ XX. — Il n'est pas surprenant que ces boissons aient
été de tout temps falsifiées et altérées ; aussi en raison des
accidens qui en résultèrent pour la santé publique, « les
« prévôts de Paris défendaient, aux marchands de vin, de
« vendre ny débiter en détail, dans leurs maisons, bouti-
« ques, caves celliers, aucune bierre, cidre, poirée ou eau-
« de-vie qui sont incompatibles avec le vin, ou qui pus-
« sent servir à le mélanger, sofistiquer ou falsifier ; comme
« aussi de garder en leurs maisons aucune lie puante, au-
« cuns vins ni rapé puans ou poussés. »

La litharge, le bois d'Inde étaient communément employés pour donner un goût sucré et de la couleur aux
vins.

La Bière ou cervoise a été employée comme boisson de
très bonne heure en France. On l'altérait en y mêlant de

la chaux pour lui donner plus de force, ou de la suie au lieu de houblon, qui lui donne une petite pointe d'amertume.

« Dès 1292, on punissait ceux qui, au lieu de faire la
« cervoise avec l'eau, l'orge, le seigle et l'avoine, y mê-
« laient *baye, piment* ou *poix résine, sarrasin*, car telles
« choses sont mauvaises aux chiefs et aux corps, aux ma-
« lades et aux sains. »

Bois. Chauffage.

§ XXI. — Les deux forêts, qui occupaient les bords de la Seine, suffirent pendant long-temps aux constructions et au chauffage des habitans de Paris; mais le défaut de surveillance, et la destruction qui en fut faite, réduisirent très promptement leur étendue. Après avoir puisé dans les forêts les moins éloignées, la disette de bois de chauffage commença à paraître dès le règne de Charles VI. En 1418, il ordonna la coupe extraordinaire de trois cents arpens des forêts les plus proches de Paris, à la condition de faire venir ce bois à Paris, et de n'y vendre chaque moule de bûche que six sous parisis, et le cent de cotrets seize sous parisis. La difficulté d'amener les bois autrement que par bateaux occasionna pendant plusieurs siècles de grandes disettes de bois. Ce ne fut qu'en 1549 que Rouvet imagina de former des trains et de les conduire jusqu'à Paris.

Un des ports pour la vente du bois était situé près l'école Saint-Germain-l'Auxerrois (1350).

Disettes. — Famines.

§ XXII. — L'histoire mentionne un grand nombre de disettes qui furent occasionnées, soit par l'intempérie des saisons, soit par les guerres continuelles qui ravageaient la France. Ces calamités furent générales, mais nous devons les citer, car elles influèrent aussi d'une manière bien fâcheuse

sur la santé des habitans de Paris.— L'an 580, le boisseau
d'avoine se vendait le tiers d'une livre d'or (95 fr. environ).
« Dans cette extrémité, le peuple faisoit sécher des pepins
« de raisins, des fleurs d'aveline et des racines de fou-
« gères, les pulvérisoit et y mesloit un peu de farine pour
« en faire du pain. Plusieurs moururent de necces-
« sitez. » (1)

En 651, 778, 793, 806, et sous les règnes suivans, des
disettes affreuses eurent encore lieu. Dans le courant des
onzième, douzième, quinzième et seizième siècles, les
guerres continuelles, les sièges de Paris, rendirent les famines plus fréquentes. Sous Louis XIV, en 1698, 1710,
ces calamités se renouvelèrent, mais l'administration plus
forte et mieux organisée en arrêta les suites funestes.

CHAPITRE VII.

Si nous résumons en quelques mots ce qui a fait l'objet
de tous les chapitres qui précèdent, nous voyons :

§ XXIII. Que pendant une période de *huit siècles* environ, les quartiers qui composent actuellement le quatrième
arrondissement, ont formé presque à eux seuls cette partie
de Paris désignée sous le nom de *la Ville*. Ils étaient exposés à toutes les causes d'insalubrité qui résultent d'un
terrain bas, humide, marécageux ; lorsque des clôtures
de murailles et de fossés les ont enveloppés, ces quartiers
ont ressenti l'influence fâcheuse qui résulte de l'accumulation d'un grand nombre d'habitans dans un espace resserré; le défaut de pavage des rues, la négligence du nettoiement, et de toutes ces précautions nécessaires à la
santé publique, contribuèrent à faire naître des maladies.

Si l'on remarque que dès la création de ces quartiers,
les *marchés* servant à l'approvisionnement de Paris furent

----

(1) *Grég. tur.*, lib. 7.

placés dans un même lieu, on comprendra aisément que ce centre du commerce attira une nombreuse population : que dès-lors tous les inconvéniens qui accompagnent l'exercice de certaines professions se joignirent aux autres causes d'insalubrité. Il nous a fallu rechercher beaucoup de ces inconvéniens dans les ordonnances de police que les abus toujours renaissans forçaient les magistrats à rendre. Mais la fréquence des guerres civiles et étrangères, le mauvais vouloir de la noblesse et des ordres monastiques, l'indifférence des hauts-justiciers pour ce qui devait intéresser la santé des habitans, rendirent impuissans les efforts des prévôts de Paris. Il faut arriver au treizième siècle pour constater quelques-unes des améliorations tentées pendant les époques précédentes. Un pavage avait été fait dans les rues principales, l'exhaussement de quelques parties du sol en avait été la conséquence ; dès-lors seulement le nettoiement de ces rues put être pratiqué. Le quartier des marchés se trouvait mieux circonscrit par les enceintes qui entouraient les halles et le cimetière des Innocens.

Mais à ces avantages, nous devons opposer les conséquences fâcheuses de la nouvelle enceinte de Philippe-Auguste, dont les fossés nombreux servaient en partie de cloaques pour l'écoulement des eaux, et formaient des mares infectes. Tous les ruisseaux et les égouts étaient à découvert et se déversaient dans la rivière au milieu de la ville.

L'étude des plans que nous joignons à ce mémoire fera mieux comprendre que nos descriptions, les changemens topographiques qui sont survenus jusqu'au commencement du xviiiᵉ siècle. Les premières enceintes ont disparu pour faire place à des constructions nouvelles, et dès Charles VI, la circonscription actuelle du quatrième arrondissement était enveloppée dans toutes les directions,

4

Au milieu de ces accroissemens, on peut remarquer que le quartier des Halles a conservé encore la même disposition sous Louis XIV.

Si les conditions hygiéniques dépendantes du sol ont été mauvaises pendant douze siècles, toutes celles qui dépendaient de la nourriture ne l'étaient pas moins ; car la privation de l'eau, ou sa mauvaise qualité, les disettes, les famines si fréquentes, la privation du bois de chauffage, l'altération des farines ont agi presque incessamment sur la santé de la population pauvre.

Aussi des maladies contagieuses et épidémiques, désignées sous le nom de *Peste*, ont-elles apparu très fréquemment. Nous terminerons cette 1ᵉ partie de notre mémoire, par la citation de quelques-unes de ces *Pestes*, et des mesures de police sanitaire auxquelles elles donnaient lieu.

MALADIES CONTAGIEUSES ET ÉPIDÉMIQUES.

Peste.

§ XXIV. — Ces maladies se sont développées le plus communément pendant les grandes famines, à la suite des inondations, des sécheresses, ou des guerres civiles.

Ainsi, depuis l'an 1005 jusqu'à l'an 1108, il y eut environ cinquante et une années de disettes pendant lesquelles parurent *la peste, le mal des ardens.* En 1226, non-seulement la ville, mais les couvens furent décimés par ces maladies. En 1596, presque tous les habitans furent atteints de la maladie contagieuse.

Il règne beaucoup d'obscurité dans la description que les anciens auteurs de médecine ont faite de diverses maladies qui régnaient épidémiquement ; le meilleur remède était la fuite dans un lieu éloigné et pour long-temps : *pestis tempore, fuge cito, procul, tarde revertaris ;* si nous voulions nous appesantir sur ce sujet, nous sortirions des bornes que nous sommes forcés de donner à ce travail,

Les mesures suivantes de police sanitaire paraîtront tout au moins curieuses au lecteur. »

Aussitôt que *la maladie contagieuse* paraissait, les quarteniers, les médecins, les chirurgiens, les apothicaires, étaient obligés de donner avis aux commissaires des quartiers. Ceux-ci faisaient fermer les maisons, et les marquer d'une croix blanche à l'une des fenêtres, et à la porte principale. Si la famille entière du malade occupait la maison, il pouvait y être soigné ; sinon, pendant la nuit il était transporté dans l'hôpital destiné aux pestiférés. — Les croix demeuraient *deux mois* aux maisons qui restaient fermées pendant ce temps.

Les médecins, chirurgiens et apothicaires désignés pour soigner les malades de contagion, ne devaient visiter et panser *aucun autre* malade pendant la peste. Les *aides* et *archers de santé* portaient une casaque noire avec une croix blanche. Les inhumations étaient faites pendant la nuit par un fossoyeur spécial ; une torche allumée était portée devant le corps, afin qu'on s'en détournât. Les tentures devant les maisons et les églises étaient défendues. — On nettoyait les maisons infectées en y faisant du feu, ouvrant les fenêtres et fermant les portes sur lesquelles une croix restait pendant deux mois.

Les chirurgiens et barbiers ne devaient pas jeter le sang des personnes malades en la rivière, et en quelque endroit que ce soit de la ville.

Il était défendu à tous les habitans d'aller aux étuves.

Lèpre.

§ XXV. — Il est évident pour nous, que sous le nom de *lèpre* ont été confondues la plupart des maladies que faisaient naître la misère, la malpropreté et la débauche excessives des individus qui en étaient atteints. Quoi qu'il en soit, cette maladie était contagieuse, et ceux qui en étaient affectés

4.

étaient séparés de toute société et relégués dans des hospices connus sous le nom de *Maladreries*.

La lèpre faisait encore des victimes en 1632, puisque
Vincent de Paule fut chargé par l'archevêque de Paris d'y
recevoir *les lépreux* de la ville et des faubourgs.

Il est de notre sujet de reproduire la description de cette
maladie, on reconnaîtra la vraisemblance de l'opinion que
nous avons ci-dessus énoncée.

« Cette maladie rend la voix enrouée, comme celle
« d'un chien qui a long-temps aboyé, et cette voix
« semble plustot sortir par le nez que par la bouche ; le
« visage du malade ressemble à un charbon demi-éteint ;
« il est onctuent, luisant et enflé ; il est semé de boutons
« fort durs, dont la base est verte et la pointe blanche ;
« ses poils sont courts, hérissés et déliés, et on ne peut les
« arracher qu'avec un peu de la chair pourrie qui les a
« nourris ; son front est plissé ; ses yeux sont rouges et
« enflammés ; ils s'avancent en dehors, mais ils ne peuvent
« se mouvoir à droite ny à gauche ; ses oreilles sont en-
« flées et rouges, mangées d'ulcères vers la base, et en-
« vironnées de petites glandes ; son nez s'enfonce à cause
« que le cartilage se pourrit ; ses narines sont ouvertes, et
« les conduits serrés auec quelques ulcères au fond ; sa
« langue est sèche, noire, enflée, ulcérée et raccourcie,
« coupée de sillons, et semée de grains blancs ; toute sa
« peau est couuerte, ou d'ulcères qui s'amortissent et re-
« verdissent les uns sur les autres, ou de taches blanches,
« ou d'écailles à-peu-près semblables à celles du poisson ;
« elle est inégale, rude et insensible, soit qu'on la pince,
« soit qu'on la coupe ; et au lieu de sang, elle ne rend
« qu'une liqueur sanieuse. Enfin le nez, les doigts des
« mains et des pieds, et même ses membres se détachent
« tout entiers, et par une mort qui est particulière à cha-
« cun d'eux, ils préviennent celle du malade. »

Les boulangers, *à cause du feu auquel ils sont continuellement exposés, étaient beaucoup plus sujets* à cette maladie
que ceux des autres professions. (1)

Les lépreux étaient tenus de quitter Paris, et de se retirer dans les maladreries qui leur étaient destinées, à peine
d'être fustigés par les carrefours. Malgré ces défenses, un
grand nombre était répandu dans les quartiers du centre
et s'y livrait *à toutes sortes de mauvaisetez.*

« En outre, beaucoup de vagabonds s'étaient fait rece-
« voir dans les maladreries par artifices ; ils avaient des
« secrets, en se frottant de certaines herbes ou drogues,
« de se donner une apparence de lèpre. »

En 1626, deux médecins et un chirurgien furent chargés de visiter les lépreux de toutes les provinces du
royaume, et la réclusion des véritables malades, les soins
qu'on leur donna, firent presque disparaître cette maladie.

§ XXVI.—Le lecteur a pu remarquer que l'importance
de certaines questions générales à toute la ville, nous a en-
traîné quelquefois hors des bornes que nous nous sommes
imposées dans cette revue topographique et historique ;
mais la variété des sujets que nous avons traités ne nous a
pas toujours permis de restreindre nos citations. Il faut
d'ailleurs se rappeler que, pendant plus de mille ans, *la
ville* se composait en grande partie des quartiers que nous
avons décrits, et qu'alors les causes générales qui agissaient
sur Paris, exerçaient par conséquent une influence fu-
neste sur plusieurs quartiers de la rive droite. Dans la seconde partie de ce mémoire, les documens nombreux et
précis que nous avons consultés rendent, comme on
pourra le reconnaître, notre travail beaucoup plus com-

(1) *Regist. du Chastelet.* — *Livre rouge*, 99.

plet sur toutes les questions de salubrité et de statistique
qui concernent le quatrième arrondissement.

Nous avons recherché, autant que cela a été possible,
les causes d'insalubrité, et toutes les fois que nous n'avons
pas pu les préciser, nous avons eu le soin de réunir des
renseignemens statistiques qui, un jour, pourront servir
à compléter ce que nous avons fait aujourd'hui.

Il est à souhaiter qu'un travail analogue à celui-ci soit
entrepris pour chacun des arrondissemens; on arriverait
ainsi à faire la topographie médicale de Paris. Il y aurait
à comparer les conditions hygiéniques des anciens quartiers et des nouveaux, l'influence de certaines professions,
du nouveau mode d'éclairage au gaz, des usines à va-
peur, etc.; travail qui présenterait un intérêt réel pour
les habitans et pour l'administration.

SECONDE PARTIE.

CHAPITRE I.

§ XXVII. — Dans la revue historique que nous avons
exposée des accroissemens successifs des quartiers du centre
de la *ville*, nous nous sommes arrêtés, dans la première
partie de ce mémoire, au commencement du dix-huitième
siècle. Nous avons établi cette division, parce qu'elle nous
permet d'opposer aux généralités, et aux renseignemens
vagues sur toutes ces époques antérieures, des détails précis, des statistiques certaines et authentiques sur l'époque
actuelle.

C'est en réunissant les élémens de ce nouveau travail que nous avons pu reconnaître combien a toujours été négligée et dédaignée par les médecins l'étude des questions d'hygiène pratique. Les causes de cette insouciance de la part des médecins, des hommes qui sont, sans contredit, le plus en état de faire connaître leurs observations sur ces questions, existent dans le peu d'accueil fait ordinairement à de semblables travaux par le public, qui y est indifférent, dans la difficulté de réunir les élémens authentiques de recherches nombreuses et très diverses, et enfin dans le peu d'espoir qu'ils ont de voir approuver leurs remarques et exécuter les modifications utiles qu'ils proposent.

Malgré tous ces motifs de découragement, nous avons persisté dans nos essais, et nous avons fait tous nos efforts pour compléter notre travail.

§ XXVIII.— Nous avons dit (pag. 16) que Paris avait été successivement divisé en huit, dix, seize quartiers. Un édit de 1701, enregistré en 1703, fixe cette division à vingt quartiers, parmi lesquels, 1° Sainte-Opportune, 2° le Louvre, 3° Saint-Eustache, 4° les Halles comprenaient à-peu-près la circonscription actuelle du quatrième arrondissement.

Cette division s'est maintenue jusqu'en 1789, où se sont formés les *districts*, qui étaient au nombre de soixante pour tout Paris. En 1790, un décret de l'Assemblée constituante substitua aux *districts*, *quarante-huit sections*; chacune d'elles reçut un nom de localité. Nous citerons les *sections du Louvre*, de l'*Oratoire*, de la *Halle-au-Blé*, du *Marché des Innocens*, de la *Place Louis XIV*, ci-devant place des Victoires.

Les sections furent conservées jusqu'en octobre 1795; époque où Paris fut divisé en douze municipalités ou arrondissemens qui sont encore existans.

Nous avons donné déjà les limites du quatrième arrondissement (pag. 9), nous reviendrons sur la circonscription de chacun des quartiers qui le composent, en traçant rapidement leur topographie actuelle.

Quartier de la Banque de France.

§ XXIX. — Il a pour limites les rues des Bons-Enfans et Neuve-des-Bons-Enfans, numéros pairs; rue de la Feuillade à droite, numéros impairs; place des Victoires à droite; rue Croix-des-Petits-Champs, numéros impairs, jusqu'à la rue Baillif; la rue Coquillère, numéros impairs; rue du Four Saint-Honoré, numéros impairs; rue Saint-Honoré, numéros pairs.

Ce quartier est le mieux partagé sous le rapport des conditions de salubrité, sauf les exceptions que nous signalerons; la plupart des maisons sont espacées, les rues larges, des places ou des carrefours y laissent pénétrer le soleil et l'air.

La superficie en terrain est de 120,000 mètres carrés pour une population de 12,285 habitans (recensement de 1841), ce qui ne laisse cependant à chaque habitant que 9 mètres carrés.

Ce quartier est occupé par de grands établissemens publics et particuliers, comme il l'était autrefois par des hôtels. La Halle-aux-Blés, et les rues qui l'entourent, ont été construites sur l'emplacement de l'hôtel de Soissons. L'établissement des messageries générales remplace l'ancien hôtel Pirieux. Les maisons particulières qui se sont élevées sur les terrains des hôtels du Bouloy, des Fermes, ont conservé de vastes cours; un grand nombre d'hôtels et de maisons meublés se trouve disséminé dans ce quartier. Sur 151 que l'on comptait en janvier 1842, il y en avait 7 de première classe, 36 de deuxième classe, 99 de troisième classe, 9 de quatrième classe. Que l'on consulte le tableau, on verra que sur 2,116 individus habitant ces hôtels garnis, il y en avait 758 riches, 1,256 plus ou moins aisés, et seulement 105 misérables. Cette remarque a pour nous une grande valeur, car elle établit que, dans le quartier de la Banque, plus d'un sixième de la population se compose d'étrangers à Paris, et que ces individus sont presque tous dans une position au-dessus du besoin.

Les maisons qui bordent la rue Saint-Honoré, celles qui entourent la Halle-aux-Blés, sont loin d'offrir les bonnes conditions hygiéniques que nous avons signalées pour les autres points du quartier de la Banque. Rue Saint-Honoré, les maisons étroites qui y sont accumulées n'ont de moderne que la façade ; on a voulu transformer d'anciens pignons en boutiques élégantes ; tout cela ne s'est fait qu'aux dépens de l'espace intérieur. Ces maisons, d'une très grande profondeur, sont privées de soleil et d'air. Pour celles qui ont conservé une cour de quelques mètres carrés, les eaux ménagères s'y déversent et y répandent leur mauvaise odeur.

Nous pouvons citer une maison rue du Four, habitée presque complètement par des ouvriers tailleurs, où l'on trouve joints aux défauts des anciennes constructions, toute la saleté et la puanteur que peuvent occasionner des latrines ouvertes et sans siége, et la situation dans les escaliers des gargouilles d'eaux ménagères. Cette maison se compose de cinq corps de bâtimens qui prennent jour sur deux cours, dont la plus large a 6 mètres carrés.

C'est au milieu de conditions d'insalubrité permanente qu'habitent des hommes qui, par état, restent accroupis le jour et une grande partie de la nuit. Nous citons cette maison, parce que nous l'avons visitée souvent à toute heure, et que nous la considérons comme un des cloaques du quartier.

Nous devons signaler dans ce quartier la mauvaise construction (sous le rapport hygiénique) du passage Véro-Dodat, qui fait communiquer la rue Croix-des-Petits-Champs avec la rue de Grenelle. Les boutiques de ce passage sont au nombre de trente-huit, et à l'exception de quatre, qui sont placées aux extrémités, toutes les autres sont obscures, sans ventilation convenable. Les vitrages qui recouvrent ce passage ne sont pas assez élevés au-dessus du sol; il n'y existe qu'un petit nombre d'ouvertures beaucoup trop insuffisantes au renouvellement de l'air. Le soir, quand tous les becs de gaz qui éclairent ce passage et les boutiques sont allumés, l'élévation de la température est considérable et une odeur fétide s'y exhale.

L'établissement particulier des messageries générales, situé rue Saint-Honoré et rue de Grenelle, est trop considérable pour que nous n'en disions pas quelques mots. Le nombre des employés s'élève à plus de quatre cents. Les uns sont sédentaires, occupés dans les bureaux le jour et une partie de la nuit; ils sont sujets à toutes les maladies des gens de bureaux et de cabinet, qui passent la plus grande partie de leur vie sans exercice suffisant.

Les conducteurs des diligences ont, au contraire, un genre de vie très actif; aussi presque tous ont-ils une bonne santé, leurs maladies dépendent de leur constitution pléthorique, de quelques excès ou d'accidens qu'ils éprouvent en voyage en montant et descendant de voiture. Les facteurs, chargeurs, ouvriers des ateliers sont exposés aux maladies qui atteignent les gens de cette classe, se fatigant beaucoup, exposés à toutes les intempéries des saisons et prenant ordinairement une mauvaise nourriture.

Les accidens sont fréquens au milieu de ces lourdes voitures et des ballots, caisses que l'on charge et décharge sans cesse. Les contusions, plaies, fractures, écrasement des pieds nécessitent souvent les soins du médecin distingué (1) qui est chargé, depuis plusieurs années, du service médical et chirurgical de cet important établissement.

Quartier Saint-Honoré.

§ XXX. — Il a pour limites: la rue Saint-Honoré, numéros impairs à partir du n° 1; rue Froidmanteau, numéros pairs; places de l'Oratoire et du Louvre; rue des Fossés-Saint-Germain - l'Auxerrois, numéros pairs; rue des Lavandières, numéros impairs; rue des Foureurs, numéros impairs; rue des Déchargeurs, numéros impairs.

Si l'on étudie sur le plan n° 6 l'étendue de ce quartier, on voit que sa configuration est celle d'un rectangle fort allongé. La superficie en terrain est de 130,000 mètres carrés, pour une population de 11,872 habitans (recensement de 1841), ce qui donne à chacun environ 12 mètres carrés.

Ce quartier est un des plus anciens de Paris; dès le treizième siècle, il était bâti (voir le plan 3), et sauf quelques reconstructions, il est resté le même qu'il était au seizième siècle. Certes, pour qui connaît les rues *Tire-Chape, de la Bibliothèque, du Chantre, Jean-Tison, des Lavandières, des Poulies*, nous ne serons pas taxé d'exagération en disant que ce sont d'infâmes cloaques. Nous verrons que presque toutes les maisons qui y sont situées sont le refuge de l'indigence et de la prostitution. Les rues larges, aérées sont en fort petit nombre; quelques-unes sont entièrement occupées par le commerce des toiles, dont le dépôt entretient dans les magasins une grande humidité.

_____

(1) M. Le docteur Espiaud, membre de l'Académie royale de médecine.

Quartier du Louvre.

§ XXXI. — Limites : depuis le premier guichet du Louvre , sur la rive droite de la Seine jusqu'au Pont-au-Change ; la place du Châtelet, numéros impairs ; la rue de la Joaillerie, numéros impairs ; rue Saint-Jacques-la-Boucherie, numéros impairs ; rue du Chevalier-du-Guet, numéros impairs ; rue des Lavandières ; rue des Deux-Boules ; rue Béthisy ; rue des Fossés-Saint-Germain-l'Auxerrois, numéros impairs ; place du Louvre, de l'Oratoire et du Musée.

La superficie en terrain est de 230,000 mètres carrés pour 11,270 habitans, ou 20 mètres carrés par habitans. Cette dernière évaluation est trop forte, si l'on retranche la superficie des terrains occupés par le Louvre, les places et les quais.

Les remarques que nous avons faites sur l'ancienneté du quartier Saint-Honoré s'appliquent encore mieux au quartier du Louvre, elles sont malheureusement aussi justes sur l'accumulation des maisons, l'étroitesse des rues et leur insalubrité. Le voisinage de la rivière est la source d'inconvéniens qui balancent s'ils ne dépassent pas les avantages qu'il peut offrir. En hiver les inondations fréquentes des caves augmentent l'humidité habituelle des maisons. En été les exhalaisons fétides des berges mises à sec incommodent les habitans des maisons situées sur le quai.

Quartier des Marchés.

§ XXXII. — Limites : rue Saint-Denis, depuis la rue de la Chanvrerie ; rue Perrin-Gasselin, numéros pairs ; rue du Chevalier-du-Guet, numéros pairs ; rue des Lavandiè-res, rue des Déchargeurs, numéros pairs ; rue Saint-Honoré, rue de la Tonnellerie, rue Pirouette, rue Mondétour, rue de la Chanvrerie, numéros impairs.

La superficie du terrain est de 80,000 mètres carrés pour une population de 11,003 habitans. Chaque habitant n'a que 7 mètres carrés.

Ce quartier mérite une description attentive, aussi examinerons-nous successivement chacune de ses parties. Si l'on compare la disposition actuelle des maisons situées à l'ouest et au nord-ouest du marché des Innocens, à celle qu'elles avaient au treizième siècle, on la retrouve la même, les Piliers de la rue de la Tonnellerie existent toujours. Les rues construites pour les Juifs par Philippe-Auguste se retrouvent encore dans les rues de la Friperie, de la Poterie.....

Les vestiges de l'enceinte des halles se reconnaissent rue des Piliers, rue des Potiers-d'Etain.

Les halles sont les mêmes que sous Louis XIV, sauf une vingtaine de maisons, dont l'emplacement sert aujourd'hui de marché à la verdure.

Le cimetière des Innocens a été remplacé par un marché. Quelques mots suffiront pour rappeler les inconvéniens et les dangers que le voisinage de ce cimetière a occasionnés dans le quartier.

Nous avons parlé souvent du cimetière des Innocens qui, d'abord situé hors de la ville, avait été promptement entouré par les maisons. Dès 1218, ce cimetière alors unique, étant devenu insuffisant, on fut obligé de l'agrandir, et il continua à servir de sépulture aux vingt paroisses suivantes :

St.-Germain-l'Auxerrois.	Ste.-Geneviève-des-Ardennes.
St.-Eustache.	St.-Christophe.
Ste.-Opportune.	St.-Pierre-aux-Bœufs.
Sts-Innocens.	Ste.-Madeleine-en-la-Cité.
St.-Josse.	St.-Denis-la-Châtre.
St.-Jacques-la-Boucherie.	St.-Médéric.
St.-Leu.	St.-Germain-le-Vieil.
St.-Gilles.	St.-Esprit.
St.-Pierre-des-Arcis.	Ste.-Catherine.
Ste.-Croix-de-la-Cité.	St.-Jean-du-Louvre.

On y apportait aussi les morts de l'Hôtel-Dieu et de la Basse-Geôle.

Au milieu du dix-huitième siècle, on y enterrait 3,000 personnes par an dans les fosses communes ; les sépultures particulières n'étaient que de 150 à 200. En calculant à 2,000 inhumations par an à partir de l'année 1186, on y aurait déposé plus de 1,200,000 corps jusqu'en 1780, époque à laquelle on ferma ce cimetière.

La citation de ces chiffres suffit pour faire concevoir quel horrible foyer d'infection a régné pendant des siècles, au milieu de ces halles, de ces marchés qui étaient déjà par eux-mêmes une cause permanente d'insalubrité ; l'opinion émise par *Thouret*, dans son rapport présenté à l'Académie des sciences en 1787, ne laisse aucun doute sur cette influence.

« Situé dans un des quartiers les plus peuplés de la « ville, et environné de maisons qui le concentraient de « toutes parts, le cimetière des Saints-Innocens réunissait « à tout ce que l'on sait que l'aspect de pareils lieux peut « inspirer de dégoût et d'horreur, les sources d'infection « les plus multipliées et les plus actives (1). »

Il régnait au pourtour d'immenses charniers, où l'on déposait les ossemens humides qui provenaient de la fouille des terres, lorsqu'on ouvrait de nouvelles fosses ; et une rigole très étendue, où l'on jetait chaque jour des maisons voisines, des immondices de tout genre.

Dès 1554, *Fernel* et *Houllier* s'étaient élevés contre l'insalubrité de cet emplacement. En 1737, une commission de l'Académie royale des sciences avait confirmé ces craintes. Enfin, depuis 1724 jusqu'en 1746, les plaintes des habitans des maisons voisines avaient continué de se faire entendre.

---

(1) Thouret. *Rapport à l'Académie des sciences*, 1787.

On observait que les temps chauds et humides rame-
naient constamment les mêmes accidens, quoique l'on eût
fermé le cimetière en 1780 par suite de l'accident survenu
dans plusieurs maisons de la rue de la Lingerie.

Un habitant de cette rue, dont la maison était contiguë
au cimetière, descendant dans sa cave, fut frappé d'une
odeur si insupportable, qu'il ne put y pénétrer. Des personnes plus courageuses, ayant pris diverses précautions,
y entrèrent, et reconnurent que le mur ayant cédé à
l'effort des terres, des cadavres corrompus s'étaient éboulés
dans cette cave.

Les opérations pour l'enlèvement des corps et ossemens
ont duré près de six mois. — Une couche de huit à dix
pieds de terre infectée pour la plus grande partie, soit des
débris des cadavres, soit par les immondices des maisons
voisines, a été enlevée de toute la surface du cimetière et
de l'église. Quarante à cinquante des fosses communes ont
été creusées à 8 et 10 pieds de profondeur.

Des massifs solides ont été établis sur chacune des fosses
ouvertes. Une couche d'un ciment épais, propre à inter-
cepter toutes les émanations, en a consolidé la surface. Un
plan figuratif du terrain a été tracé avec l'indication des
fosses et des excavations, pour ne rien laisser à désirer sur
l'état souterrain du sol (*loco citato*, page 14).

Il paraîtrait que cette couche de ciment répandue sur
le sol n'est pas épaisse ou bien qu'elle n'a pas été placée
sur toute la surface de l'ancien cimetière, car nous lisons
le passage suivant dans une notice publiée sur les inhumations provisoires qui ont été faites au Marché des Innocens en 1830.

« Au milieu de la partie qui se trouve entre la fontaine
et les abris du marché, du côté de la rue de la Lingerie,
on creusa une fosse d'environ 12 pieds de long sur 7 de
large et environ 10 pieds de profondeur. Quand le pavé

eut été enlevé, et sous une couche de sable d'environ un demi-pied de profondeur, nous découvrîmes dans une terre noire et grasse une grande quantité d'ossemens, des débris de cercueils et même des bières assez bien conservées qu'il fallut briser, et d'où s'échappèrent des miasmes tellement fétides, qu'un des ouvriers fut subitement suffoqué (1). »

CHAPITRE II.

HALLES ET MARCHÉS D'APPROVISIONNEMENT.

§ XXXIII. — Le quartier des Marchés se trouve occupé par de nombreuses halles où se fait la vente en gros de toutes les denrées qu'apportent chaque jour les jardiniers, les gens de la campagne et les marchands forains. Nous avons indiqué déjà dans la première partie de ce mémoire quels étaient les emplacemens qui, autrefois, étaient affectés à la vente de tous ces produits. Les détails que nous allons donner feront connaître la topographie actuelle de ces marchés, et nous joindrons les renseignemens sur la consommation qui nous ont été fournis avec beaucoup d'obligeance par M. Bardel, chef à la Préfecture de police.

§ XXXIV. — Les marchés dits d'approvisionnement sont destinés à la vente en gros des denrées nécessaires à la consommation journalière des habitans. C'est là que se fournissent tous les marchands qui revendent soit dans les boutiques, soit dans les marchés; c'est là que viennent acheter les grands consommateurs, tels que les établissemens publics, les pensionnats, les restaurateurs.

Depuis plusieurs siècles ces marchés se sont tenus (au-

_____

(1) *Notice sur les inhumations provisoires faites sur la place du marché des Innocens, en 1830, par N. M. Troche, chef de Bureau de l'état civil du 4ᵉ arr.*

tour du cimetière des Innocens) dans un espace très circonscrit, qui pouvait suffire lorsque la population était
encore peu nombreuse, mais qui maintenant n'est pas en
rapport avec la masse des denrées qui sont apportées, et
avec le nombre des marchands qui viennent s'y approvi-
sionner.

Car, on doit le remarquer, ce ne sont pas seulement les
acheteurs de Paris qui viennent se fournir au marché
central, mais encore tous les revendeurs de la banlieue
qui sont assurés de trouver à la vente en gros l'avantage
du choix et du prix moins élevé ; il est vrai que l'administration surveille plus facilement et avec un petit nombre
d'employés les opérations qui ont lieu entre le producteur
et le consommateur ; son action est plus active en raison
même de la réunion en un seul lieu de toutes les denrées.

Nous avons puisé tous les détails descriptifs dans les
ordonnances de police qui fixent les emplacemens de
vente, et le lecteur pourra juger si l'encombrement con-
tinuel, de *nuit* et de *jour*, du quartier des marchés et des
rues environnantes ne doit pas influer d'une manière plus
ou moins fâcheuse sur la *santé* publique.

Marché des Innocens et halles du centre.

§ XXXV. — La partie des halles du centre connue
sous le nom de place des Innocens, les rues de la Lingerie, de la Ferronnerie, des Foureurs et St-Honoré jusqu'à
celles des Prouvaires, la rue de la Poterie, la rue de la
Grande et de la Petite-Friperie, la place dite du *Légat*,
la rue aux Fers, la rue du Marché-aux-Poirées demeurent spécialement affectés à l'exposition en vente des fruits,
légumes, pommes de terre, herbages, fleurs en bottes et
plantes usuelles (*Ord. de police*, art. 1er, 1825).

La place des Innocens est affectée à la vente des fruits,
asperges, betteraves, artichauts et carottes de Flandre ;

5

le marché du Légat, les rues de la Grande-Friperie et du Contrat-Social, à celles des pommes de terre et oignons en sacs; la rue de la Poterie, à celle des plantes usuelles et médicinales; les rues St-Honoré, de la Lingerie, du Marché-aux-Poirées, à celle des herbages et produits de jardinage; la rue de la Ferronnerie est exclusivement affectés à la vente en gros des légumes, choux, carottes, navets, panais, poireaux et oignons en bottes (*Ord. de pol.* art. 3).

La vente en gros de tous ces objets a lieu tous les jours. Le produit annuel varie de *vingt-cinq à vingt-huit millions de francs*. Le marché pour la vente des gros légumes est ouvert à deux heures du matin et fermé à sept heures. Celui des fruits et plantes ne ferme qu'à neuf heures (*Ord. de police*, art. 4, 7, 8).

Pendant la première heure, les préposés font la vérification des denrées exposées en vente. Ils rejettent les fruits et légumes pourris, défectueux ou de mauvaise qualité.

Pendant la journée toutes ces halles sont couvertes de marchandes en détail, de revendeuses qui sont ainsi réparties :

Au marché des Innocens, 550 pour la vente des fruits et légumes. Au marché à la verdure, 226. Au marché du Légat, 98, dont 76 pour le détail de pommes de terre et 22 pour la vente d'oignons.

On voit donc que, depuis deux heures du matin, ces halles, qui ont été remplies de denrées, se trouvent encore occupées par environ 800 marchandes qui jonchent le sol de débris de légumes, de feuilles.

Halle au poisson de mer et d'eau douce.

§ XXXVI.— Le nouveau marché destiné à la vente en gros et en détail de la marée et du poisson d'eau douce, et à la vente en détail du poisson salé, occupe la place de l'ancienne Halle-aux-Blés, il a été construit en 1786. Des mesures de salubrité sont prescrites.

Il est enjoint de la manière la plus expresse aux marchandes de marée et de poisson , de déposer les débris et vidanges des poissons dans des seaux qui seront vidés fréquemment, et *au moins une fois par jour*, et rincés avec soin (*Ord. de police,* 1832, art. 19).

Elles devront laver et gratter tous les jours les tables sur lesquelles le poisson est exposé en vente, et au moins une fois par semaine laver les tables et les baquets avec une solution de chlorure de chaux (art. 20).

Ces mesures sont, certes, très convenables, mais elles sont fort inexactement exécutées; aussi la mauvaise odeur répandue autour et dans l'intérieur du marché au poisson force-t-elle souvent à rechercher les moyens de remédier à ces inconvéniens.

Les marchandes de saline doivent renouveler fréquemment l'eau des baquets où elles font dessaler le poisson. En 1838 des plaintes s'élevèrent contre la mauvaise odeur des eaux de trempis. Le conseil de salubrité chargea d'en rechercher les causes, une commission de ses membres qui, s'étant transportée sur les lieux, trouva le marché dans un état de malpropreté extrême , le sol , quoique dallé, garni d'incrustations épaisses de matières animales et de boue, l'eau des trempis infecte, parce qu'elle n'était pas assez souvent renouvelée, etc... Le remède à cet ordre de choses ne consistait pas dans la suppression des trempis, comme on paraissait disposé à le faire, car ils sont indispensables pour laisser dégorger le poisson , pour le blanchir, et lui enlever les taches qui résultent du frottement pendant le voyage ; mais dans le nettoyage à fond du marché, et l'arrivage d'une quantité suffisante d'eau, pour que les marchandes puissent renouveler celle de leurs trempis et en remplir les tables en pierre sur lesquelles elles exposent le poisson (1). Ces moyens ont contribué à diminuer la mauvaise odeur.

Si l'on réfléchit que le produit de la *marée* seule s'élève chaque année à *quatre à cinq millions de francs*, on comprendra que la quantité *en poids* du poisson amené à la halle est aussi représentée par des *millions de kilogrammes*. Il n'est donc pas surprenant que les tables, les planchers du marché, et que les maisons voisines où l'on emmagasine le poisson et les paniers s'imprègnent de liquides et de matières qui y répandent une infection toujours croissante. Veut-t-on se faire une idée des quantités de marée qui ont passé dans cet espace si resserré de la halle? Pendant les années 1819-20-21 et 22, il a été vendu pour 13,814,500 francs. De 1823 à 1828, il en a été vendu pour 21,108,603 francs. Ainsi, pendant le cours de neuf années, on a vendu pour environ TRENTE-CINQ MILLIONS de francs de marée.

Soit que le prix du poisson ait augmenté, soit que les quantités apportées aient été plus considérables pendant l'année 1839, la vente a été de 4,922,658 fr.; et dans le cours de 1840, elle s'est montée à 5,098,872 fr.

Nous n'avons pas parlé des quantités de poisson d'eau douce qui sont exposées en vente; parce qu'elles sont comparativement très minimes. Ainsi, en 1840, le prix ne s'est élevé qu'à 621,039 francs.

Nous venons de citer les produits de vente en gros, ils augmentent de beaucoup par les ventes de détail, comme on le comprend facilement, mais cette estimation ne nous présente aucun intérêt. Il n'en est pas de même du nombre des places de débit au marché de la marée et du poisson d'eau douce, elles sont de 233; occupées ordinairement

---

(1) *Rapports généraux des trav. du cons. de salubrité*, ann. 1838.

par autant de marchandes qui, pendant toute la journée, y exposent et y détaillent le poisson frais ou salé.

Halle au beurre, œufs.

§ XXXVII. — La nouvelle halle construite entre les rues du Marché-aux-Poirées, des Piliers, des Potiers-d'Étain, et le prolongement des rues de la Cossonnerie et des Prêcheurs est exclusivement affectée à la vente en gros des beurres, œufs et fromages de Brie et de Neuf-châtel.

Avant l'ouverture de la vente en gros, les marchandises doivent être visitées. Les beurres et fromages avariés, les œufs gâtés sont saisis.

Les beurres reconnus, pendant le cours de la vente, pour avoir été dénaturés, fourrés ou frauduleusement composés, sont également saisis (*Ordonn. de police* 1823, art. 18, 19).

Pendant l'année 1840, le montant de la vente en gros a été pour

Le beurre. . . 11,507,598 francs.
Les œufs. . . 5,316,958
Le fromage. . . 1,309,066   (année moyenne.)

Lorsqu'en 1835 il fut question d'éclairer par le gaz cette halle, des observations furent adressées au préfet de police contre ce mode d'éclairage qui, disait-on, aurait de graves inconvéniens, *en raison de l'action qu'exerceraient sur le beurre la chaleur et les émanations qui ne pourraient manquer de résulter de ce mode.*

Le conseil de salubrité consulté fut d'avis, 1° que des becs de gaz, placés à trois mètres au-dessus du sol, ne peuvent nuire au beurre en mottes qui est posé ou sur le sol ou sur des tables de pierre, soit en raison de la chaleur que ces becs développent, soit en raison de l'odeur qui pourrait résulter de la combustion incomplète des

gaz; 2° qu'il y aura avantage à adopter l'éclairage au gaz
pour la halle au beurre, par la raison qu'elle sera plus
fortement ventilée qu'elle ne l'était auparavant; 3° que la
halle au beurre, qui est très mal éclairée, le sera parfaitement par le moyen du gaz, ce qui est d'un avantage
immense pour l'acheteur (1).

Boucheries.

§ XXXVIII. — A Paris, le nombre des individus
qui peuvent exercer la profession de *bouchers* est et de-
meure fixée à *quatre cents* (*Ordonnance du Roi*, 18 octobre 1829).

Sur le quatrième arrondissement, il y a 38 bouchers,
21 charcutiers et 22 tripiers.

Mais outre ces boucheries particulières, il existe, entre
les rues des Prouvaires, des Deux-Ecus et du Four, une
halle à la viande qui occupe un espace de 112 mètres de
longueur sur 53 de largeur. Ce terrain, de forme rectan-
gulaire, a été obtenu par la démolition de maisons et
d'hôtels, lorsque en 1813 on devait y construire une vaste
halle en maçonnerie. Les évènemens politiques ont sus-
pendu l'exécution des projets et l'on s'est contenté de
partager cet emplacement en deux parties; la première,
située au Nord, comprend les écuries, les hangars pour
charrettes et la triperie. La seconde partie, au Sud, est
occupée par vingt-quatre hangars en bois pour la vente
des viandes. Ces hangars ont tous les inconvéniens des
constructions provisoires: ils sont trop étroits pour le
nombre des marchands qui les occupent; les combles
ne sont pas assez élevés et l'inobservation des réglemens
vient encore augmenter la mauvaise odeur qui y règne
constamment.

(1) *Rapp. génér. du cons. de salubr.*, pag. 106, 1835.

Halle à la viande.

§ XXXIX. — Soixante-douze bouchers de Paris et vingt-quatre bouchers forains sont appelés à approvision-ner le marché des Prouvaires deux-fois par semaine (*Ord. de police* 1830, art. 226).

La vente ne peut se faire qu'en détail. Défenses d'ex-poser des viandes insalubres et celles provenant de veaux âgés de moins de six semaines (pour ce dernier fait, saisie et 300 fr. d'amende).

En 1840, il a été vendu au marché des Prouvaires :

Bœuf.	1,658,779 kilog.	qui ont produit	1,857,832 fr.	48 c.
Veau.	1,423,094 —	—	1,864,253	14
Mouton.	362,245 —	—	394,847	05

La vente du porc frais et salé, et des issues de porcs, a lieu également au marché des Prouvaires deux fois par semaine, outre la défense faite aux charcutiers d'exposer des viandes de mauvaise qualité ; sous peine d'exclusion, ils ne doivent faire aucune vente à la lumière. (*Ord. de police* 1825, art. 11).

Cette défense est, comme on peut se le rappeler, renou-velée d'après celle que nous avons citée (page 29, pre-mière partie).

En 1840, il a été vendu à ce marché :

Porc-frais.	4,081,134 kilog.	qui ont produit	4,978,983 fr.	48 c.

Le nombre des étaux de charcutiers est de 40. Il y a en outre 50 places de marchands d'issues de veau et de porc.

On donne le nom d'issues rouges de bestiaux aux par-ties suivantes : le cœur, le foie, la rate, les poumons des bœufs, vaches et moutons. — Les issues blanches sont : 1° pour le bœuf ou la vache, les quatre pieds avec leurs patins, la panse, la franche-mule, les feuillets avec l'herbière, les muffles, le palais et les mamelles; 2° pour le mouton, la tête avec la cervelle et la langue, les quatre pieds, la panse et la caillette (*Ordonnance de police,* art. 258).

La plus grande partie des issues rouges et blanches et la quantité énorme de charcuterie sont consommées par la classe ouvrière et pauvre de la population.

Marchands de volaille et gibier, viandes cuites.

§ XL.—Les hangars qui bordent la rue des Deux-Ecus sont occupés par des marchands de volaille et gibier, et par des marchands de viandes cuites. Il nous suffira de citer les dispositions suivantes fort sagement prescrites, pour faire la critique de l'état actuel de cette partie du marché.

Il est défendu aux marchands de volaille de placer des cages et paniers vides ou contenant des animaux vivans, dans les cours et passages intérieurs des marchés, ou au dehors sur la voie publique (*Ordonnance de police*, 1832, art. 15).

Il leur est défendu de saigner et plumer des volailles, y compris les pigeons, soit à leurs places, soit dans les passages ou aux abords du marché.

Il leur est défendu de jeter sur le sol les intestins de volailles......

Il est défendu aux marchands de viandes cuites de jeter sur la voie publique, aucuns débris de leurs marchandises. Il leur est enjoint de ne conserver et de n'exposer en vente que des viandes saines... (art. 22).

Ces réglemens paraissent oubliés, car loin de les observer, les marchands y contreviennent complétement. Non-seulement il y a des cages pleines d'animaux, mais les tables, comptoirs sont convertis en poulaillers, pigeonniers, cages à lapins.

En attendant la construction projetée d'une halle

couverte, il serait à souhaiter que l'on forçât les marchands à relire les réglemens et surtout à les exécuter.

Marché au pain. — Boulangers.

§ XLI. — Nul ne peut exercer, dans Paris, la profession de boulanger, sans une permission spéciale du préfet de police, qui énonce le quartier dans lequel chaque boulanger devra exercer sa profession.

Dans le quatrième arrondissement il y a 44 boulangers; il y a, en outre, un marché au pain dit *des grands et petits Piliers de la Tonnellerie*, qui est occupé par deux boulangers de Paris et quatorze de la banlieue.

Nous avons cité (page 35) quelques détails sur la fabrication du pain aux époques anciennes. Voici ce qui a lieu aujourd'hui.

On reconnaît à Paris cinq qualités distinctes de farines : la farine de gruau ; la première et la deuxième qualité de farines blanches dites premières; la troisième et la quatrième qualité de farines blanches dites inférieures.

Le pain de luxe ou de fantaisie, fabriqué avec la farine de gruau, ne se taxe pas; la troisième et la quatrième qualité de farine sont exclues des élémens qui servent à établir le prix du pain. C'est donc le prix des farines de première et de deuxième qualité qui sert de base à la taxe.

Il y a deux espèces de pain ordinaire, le pain blanc et le pain bis-blanc; ils se fabriquent ordinairement du poids de deux kilogrammes.

Pour en fixer les prix, on divise le total en numéraire du produit des ventes de farines de première et de deuxième qualité réunies, qui ont eu lieu à la halle de Paris pendant la quinzaine précédente, par le nombre total de *sacs* vendus pendant ce même laps de temps.

A ce prix moyen des farines, on ajoute *onze* francs

pour frais de fabrication alloués aux boulangers par chaque sac de farine.

On divise la somme obtenue par 102, qui est le rendement reconnu, et le quotient donne le prix à fixer pour le pain de deux kilogrammes.

Le prix du pain bis-blanc, du même poids, est toujours fixé à 15 centimes au-dessous du pain de première qualité.

Les variations de la taxe du pain ont une influence très grande sur la santé publique; car à Paris, où le pain forme la base de la nourriture, dès que le prix en devient trop élevé, l'ouvrier, l'indigent sont obligés de se priver sur la quantité qu'ils en consomment eux et leur famille.

Messance a consigné, dans ses recherches sur la population, le prix des grains à diverses époques des dix-septième et dix-huitième siècles. Il en résulte que la population pauvre s'est trouvée presque constamment dans la misère à la fin du dix-septième siècle.

En effet, il évaluait la consommation annuelle d'un chef de famille ayant femme et trois enfans à dix setiers de blé, mesure de Paris (1,200 kilogrammes).

De 1674 à 1714, le prix commun du setier de blé était de 26 livres 5 sous 6 deniers, ce qui portait la livre de grain à 2 sous 2 deniers.

De l'année 1724 à 1764, le prix moyen du setier de blé (120 kilogrammes) a été de 18 livres 10 sous; la livre de grain revenait à 1 sou 6 deniers.

Messance concluait de ses relevés et de l'observation des faits, que la misère allait en s'accroissant dès que le prix de la livre de grain dépassait 2 sous.

Depuis plusieurs années, le prix moyen du pain bis-blanc, de celui qui forme la nourriture de la classe ouvrière, a varié entre 55 cent. et 75 cent. les 2 kilogr., prix fort élevé, il est vrai, mais qui a suivi l'augmentation des salaires.

Nous pensons que, dès que le prix du pain dépasse 60 cent. les 2 kilogrammes, il y a gêne et privation pour le chef de famille pauvre.

§ XLII. — Nous avons passé successivement en revue tous les marchés qui se trouvent agglomérés sur un emplacement beaucoup trop resserré ; mais pour compléter cet exposé, nous devons faire remarquer que toutes les maisons de ce quartier sont autant de halles permanentes, et que les denrées de toute nature y sont emmagasinées. Ce qui ne pouvait pas servir de boutique, la cour la plus étroite, le cellier le plus sombre, la cave la plus humide ont été convertis en remises, écuries, pour y placer les voitures et les chevaux des approvisionneurs. Que l'on parcoure la rue de la Tonnellerie, les rues Pirouette, des Piliers, de la Cordonnerie..., etc..., quand on ne sera pas suffoqué par l'odeur des paniers de marée, des tonnes de salaisons, de beurre fondu, on sera repoussé par les exhalaisons de fumier et d'écurie qui s'échappent de toutes parts.

La population qui habite ce quartier y est retenue par le désir de s'y enrichir et par la misère. Les uns sont des marchands qui profitent du voisinage des halles pour s'y fournir à bon compte et revendre cher, les autres sont des revendeurs nomades, des marchands des quatre saisons, des porteurs, qui ont intérêt à ne pas être loin de leurs places et de leurs travaux ; leur accumulation contribue à augmenter le prix des greniers qu'on leur loue.

CHAPITRE III.

POPULATION.

§ XLIII. — Il nous a été impossible, dans la première

partie de ce mémoire (p. 17), d'évaluer d'une manière
exacte la population des quartiers qui nous occupent. Ce
n'est que vers le milieu du dernier siècle que Messance (1)
a fait connaître les relevés statistiques qui établissent avec
assez de précision l'état de la population de Paris.

En 1755, d'après la division établie par les fermiers généraux, Paris était composé de 18 quartiers et 23,565
maisons; il s'y trouvait 71,114 familles imposées à la capitation, la répartition en était ainsi faite pour les quartiers
suivans :

Quartiers.	Nombre des maisons.	Nombre des familles imposées.
Saint-Eustache. . .	1,102	2,311
Halles.	1,197	2,743
Louvre.	1,502	4,817
Saints-Innocens. .	1,196	3,771

Messance pensait que chaque maison contenait 24 personnes 1/2 ou 49 personnes pour deux maisons. Si nous
appliquons son calcul à chacun des précédens quartiers,
nous trouvons que celui de :

Saint-Eustache renfermait   26,969 personnes.
Halles   —   29,126   —
Louvre   —   36,799   —
Saints-Innocens   —   29,102   —
                              _____
                              122,026   —

Ce qui formerait plus du cinquième de la population totale de Paris évaluée par Messance à 600,000 habitans.

Pour compléter ces renseignemens, nous citons, d'après
Messance, le nombre des domestiques à Paris, en 1754.
Ces documens sont fort curieux et relevés par lui sur les
rôles de la capitation.

Cet auteur pense que 17,657 familles avaient chacune,

_____

(1) Messance. *Recherch. sur la populat.*, pag. 175, in-4°, 1765.

en moyenne, trois domestiques. Le nombre total des hom mes était de 18,072, celui des femmes de 18,579.

Le tableau suivant indique les détails pour nos quartiers.

Quartiers.	Nombre des familles ayant domestiq.	Maîtres d'hôtel, cuisiniers, valets de chambre.	Laquais, frotteurs, porteurs.	Cochers, pal-freniers.	Total mâles.	Femmes de chambre, servantes.
St.-Eustache .	1,073	304	1,238	406	1,948	1,183
Halles.	752	80	509	142	730	774
Louvre.	1,805	216	1,054	252	1,522	1,826
Sts-Innocens.	986	24	281	36	341	836
Totaux.	3,616	624	3,082	836	4,541	4,619

En analysant ce tableau et en le rapprochant de celui où nous avons indiqué le nombre des familles imposées, on pourrait jusqu'à un certain point déterminer à quelles classes de la société appartenaient les familles qui habitaient ces quartiers, et par conséquent présumer leur genre de vie et leurs habitudes ; ainsi, il est évident que les quartiers du Louvre et de Saint-Eustache étaient occupés par des familles riches pour la plupart, tandis que les quartiers des Halles et des Innocens se composaient de familles dans le commerce, n'employant que fort peu de domestiques, et se servant elles-mêmes.

Nous laissons au lecteur le soin de tirer de ces documens statistiques les inductions qui nous paraissent tout au moins curieuses.

Si nous remontons à la fin du dernier siècle, nous ne trouvons que très difficilement le chiffre approximatif de la population des quartiers qui nous occupent. Pour donner cependant une idée de l'accroissement progressif qui a eu lieu, nous citerons les résultats qui ont été publiés sur le mouvement de la population ·de Paris à cette époque (1).

_____

(1) *Journ. gén. de France*, n° 16, pag. 61, février 1786.

Années.	Mariages.	Naissances.	Enfans trouvés.	Décès.
1785	5,234	19,859	6,918	20,365
1790	6,576	20,005	5,842	19,117
1791	7,410	20,354	5,140	17,952

D'après la méthode de Messance, qui multipliait le nombre des naissances pendant une année par 30, pour avoir le chiffre de la population, on aurait eu, en 1791, un total de 610,620 habitans, nombre bien inférieur à celui que Buffon avait fixé en 1776, et qui, selon lui, était de 658,000. Cette dernière évaluation était évidemment beaucoup trop élevée.

Pendant la révolution, la population varia singulièrement, et lorsqu'on fit en 1808 le recensement, on ne la porta qu'à 580,609 (1).

Il faut arriver jusqu'à 1811 pour connaître avec précision le relevé des actes de l'état civil. Nous rapporterons quelques-uns de ces relevés, afin que l'on puisse les comparer à ceux que nous avons donnés plus haut et à ceux qui suivront.

Années.	Mariages.	Naissances.	Décès.
1813	6,585	20,219	18,676
1814	4,188	21,247	27,815
1815	5,576	22,612	20,456
1816	6,869	22,458	18,844

Il est à noter que c'est seulement depuis 1814 que l'accroissement des naissances a été plus marqué qu'en 1790. Mais aussi l'augmentation a été progressive, comme on pourra s'en convaincre.

Jusqu'à présent nous avons dû nous borner à présenter des considérations générales sur la population de Paris ; ce n'est qu'à dater de 1817 que nous avons pu recueillir

---

(1) *Annuaire du bur. des longit.*, an x.

les renseignemens positifs sur l'état civil du quatrième
arrondissement en le comparant à celui de tous les autres
arrondissemens.

Quartiers.	Nombre de maisons.	Nombre de ménages.	Personnes recensées nominativem.	Personnes recensées collectivem.
Saint-Honoré.	509	3,964	11,377	288
Du Louvre.	525	4,351	12,047	104
Des Marchés.	540	3,887	11,124	49
De la Banque.	458	3,991	11,019	616
Totaux.	2,032	16,193	45,567	1,057

D'après le recensement fait en 1817, le total de la population du quatrième arrondissement était de 46,624,
en comprenant dans le recensement collectif la population mobile, et qu'il est impossible de préciser puisqu'elle
varie chaque jour. On comptait à cette époque dans
Paris 26,801 *maisons*, 224,922 *ménages*,

657,172 personnes recensées nominativement,
   56,794   —   —   collectivement ,

qui formaient un chiffre total de 713,966.

Pour éviter des répétitions fatigantes au lecteur , nous
présenterons en un tableau le nombre des mariages et
des naissances dans le quatrième arrondissement, en deux
périodes, de 1817 à 1827 et de 1835 à 1842 ; nous place-
rons en regard le chiffre total des mariages et des naissances pour Paris, afin que l'on puisse établir la proportion comparative.

IVᵉ Arrondissement.

Années.	Mariages.	Naissances aux domiciles.				Total.	Mariages à Paris.	Naissances à Paris.
		Nés de mariage.		Nés hors mariage.				
		Masc.	Fémin.	Masc.	Fémin.			
1817	503	539	185	515	201	1,440	6,382	23,759
1818	535	488	192	483	184	1,347	•	•
1819	474	560	478	187	179	1,404	6,236	24,344
1820	460	572	513	190	169	1,444	•	•
1821	514	557	491	210	173	1,421	•	•
1822	528	562	529	196	195	1,482	•	•
1823	514	555	556	202	177	1,490	•	•
1824	522	612	610	189	210	1,621	•	•
1825	514	632	683	201	183	1,699	•	•
1826	502	608	631	221	196	1,656	•	•
•••••	•••••	•••••	•••••	•••••	•••••	•••••	•••••	
1835	443	628	536	147	116	1,427	8,041	29,317
1836	458	619	616	118	115	1,468	8,273	28,932
1837	468	620	626	113	112	1,471	8,349	29,189
1838	530	614	580	150	206	1,550	•	29,743
1839	484	569	599	214	201	1,583	•	30,380
1840	524	589	568	169	193	1,519	•	30,213
1841	540	525	544	184	190	1,443	•	29,928

L'analyse du tableau précédent fait ressortir, en premier lieu, l'augmentation graduelle des naissances à Paris, qui étaient de 23,759 en 1817, et qui ont atteint en 1839, le nombre de 30,380. Une autre remarque toute spéciale au quatrième arrondissement, c'est le peu de variation dans le chiffre des mariages, et l'accroissement considérable des naissances d'enfans légitimes, tandis que le nombre des enfans naturels a suivi une progression décroissante. A quelles causes tient ce changement? Nous l'attribuons en partie à la tranquillité, à la paix dans laquelle on vit depuis plusieurs années, et peut-être aussi à quelque progrès de moralité dans la masse.

Hôtels garnis, maisons meublées.

§ XLIV. — Les hôtels, maisons garnies sont très nombreux dans le quatrième arrondissement. Le voisinage des grandes entreprises de messageries et la situation centrale y attirent les voyageurs. Nous donnons ici le nombre des hôtels et maisons garnies dans chaque quartier, le chiffre des locataires à six époques différentes. La distinction en quatre classes a été établie d'après le genre de population qui y est reçue.

Première classe. Députés, propriétaires, négocians, voyageurs étrangers.

Deuxième classe. Marchands, fermiers, rentiers, employés, voyageurs du commerce, commis, étudians.

Troisième classe. Tailleurs, ouvriers, journaliers, conducteurs de voitures. — Gens adonnés à la débauche, et ne se livrant à aucun travail.

Quatrième classe. Manœuvres, chiffonniers, mauvais sujets, individus malheureux, vagabonds.

Cette répartition ne peut pas être d'une rigoureuse exactitude, on le conçoit facilement, quant à la moralité des individus, mais on s'est basé sur la tenue et les habitudes des maisons garnies. Le nombre des locataires présente au contraire la plus grande précision, il forme un des élémens du chiffre de la population ; et on reconnaît que, depuis neuf ans, il s'opère un accroissement du nombre des locataires dans les hôtels de troisième classe au détriment de ceux de seconde classe.

§ XLV. — Nous avons cité le chiffre de la population de chacun des quatre quartiers qui composent le quatrième arrondissement. En résumant ici ces divers nombres, on trouve que d'après le recensement fait en 1841, la population était de 46,430. Celle de la ville de Paris était de 935,261 habitans.

G

EXTRAIT DES ÉTATS DE SITUATION

des hôtels et appartemens meublés de Paris, pour le quatrième arrondissement.

ÉPOQUES	QUARTIERS	NOMBRE DE MAISONS GARNIES ou appartemens meublés.					NOMBRE DE LOCATAIRES.				
		1re clas.	2e class.	3e classe.	4e classe.	TOTAL.	1re clas.	2e clas.	3e classe.	4e classe.	TOTAL.
Au 1er juill. 1839.	Banque.	14	32	85	13	144	497	468	1,312	190	2,467
	Louvre.	·	14	47	15	61	·	255	714	·	969
	St.-Honoré.	·	23	64	4	102	·	307	914	141	1,362
	Marchés.	·	·	74	4	78	·	·	728	130	858
	Total.	14	69	270	32	385	497	1,030	3,668	461	5,656
Au 1er janv. 1840.	Banque.	13	41	82	12	148	353	436	1,254	214	2,257
	Louvre.	·	12	50	12	62	·	158	738	·	896
	St.-Honoré.	·	22	71	14	107	·	185	1,054	134	1,373
	Marchés.	·	·	76	3	79	·	·	652	160	812
	Total.	13	75	279	29	396	353	779	3,678	508	5,338
Au 1er juill. 1840.	Banque.	12	48	71	10	141	337	642	1,000	165	2,144
	Louvre.	·	9	58	14	67	·	98	731	·	829
	St.-Honoré.	·	23	75	14	112	·	192	980	126	1,298
	Marchés.	·	2	75	4	81	·	25	742	184	951
	Total.	12	82	279	28	401	337	957	3,453	475	5,222
Au 1er janv. 1841.	Banque.	15	35	85	7	142	333	476	1,179	128	2,116
	Louvre.	·	14	49	13	63	·	137	736	·	873
	St.-Honoré.	·	16	80	13	109	·	159	1,108	115	1,382
	Marchés.	·	1	69	3	73	·	1	668	126	795
	Total.	15	66	283	23	387	333	773	3,691	369	5,166
Au 1er juill. 1841.	Banque.	14	20	107	5	146	374	313	1,544	99	2,330
	Louvre.	·	9	57	·	66	·	124	668	·	792
	St.-Honoré.	·	18	85	13	116	·	214	1,051	104	1,369
	Marchés.	·	·	71	3	74	·	·	747	124	871
	Total.	14	47	320	21	402	374	651	4,010	327	5,362
Au 1er janv. 1842.	Banque.	7	36	99	9	151	152	603	1,256	105	2,116
	Louvre.	·	10	54	13	64	·	96	716	·	812
	St.-Honoré.	·	17	81	·	111	·	193	1,096	91	1,380
	Marchés.	·	·	74	·	74	·	·	768	·	768
	Total.	7	63	308	22	400	152	892	3,836	196	5,076

CHAPITRE IV.

PAUVRES , INDIGENS.

§ XLVI. — Dans le milieu du siècle dernier, sous le règne de Louis XV, Duclos (1) portait à 27 ou 30,000 le nombre des mendians dans Paris. En 1791, le nombre des indigens à domicile était, pour le quatrième arrondissement, de 7,108, en 1802 de 3,846, en 1804 le nombre total des indigens était de 86,936, dont 3,200 pour le quatrième arrondissement ; en 1813 , on l'évaluait à 102,806 , dont 11,910 pour le sixième arrondissement, 17,241 pour le huitième arrondissement et 17,413 pour le douzième arrondissement ; le quatrième arrondissement était moins chargé que le sixième, il n'en avait que 4,845. Si nous consultons les documens fournis par l'administration, nous trouvons les nombres suivans des indigens secourus à domicile à différentes époques.

Indigens du 4ᵉ arrondissement.

Années.	Nombre des ménages.	Nombre des indigens.
1818	1,796	3,957
1819	1,844	3,953
1820	1,870	4,020
1821	1,954	4,115
1822	1,257	2,349
1823	1,259	2,339
1824	1,406	2,640
1825	1,633	3,111
1835	1,642	3,129
1839	1,764	3,992
1840	1,853	4,299

Dans une notice sur les indigens de la ville de Paris, insérée dans le tome xv des *Annales d'hygiène et de médecine légale*, page 294, M. le docteur Leuret a dépeint, avec autant de talent que de vérité, le personnel des in-

(1) *Mémoires* de Duclos , t. ii, pag. 196.

digens ; nous engageons le lecteur à prendre connaissance
de ce travail, dont nous extrayons quelques documens
nécessaires aux comparaisons que nous voulons établir.

En 1835, on comptait à Paris, sur une population de
770,286 individus, 62,539 indigens secourus par l'administration, et nous voyons que la part du quatrième arrondissement était de 3,129.

Aujourd'hui en 1842, sur une population de 935,241
individus, on compte 30,000 ménages ou 70,000 indigens
à Paris ; le quatrième arrondissement en secourt 4,299 ;
les proportions se sont conservées les mêmes ; le rapport
avec la population est toujours de 1 à 12, mais il faut
ajouter environ 15,000 pauvres honteux.

§ XLVII. — Les détails que nous allons exposer feront
connaître l'état de la population indigente du quatrième
arrondissement pendant l'année 1840, et les ressources
avec lesquelles le bureau de bienfaisance a dû subvenir à
tous ses besoins.

Les 1,853 ménages sont ainsi composés :
                1,624 femmes,
                 896 jeunes filles,
                 833 jeunes garçons,
                 946 hommes.

La proportion des hommes est réduite au quart du
nombre total en raison des difficultés de l'admission ; en
effet, il faut avoir soixante-cinq ans ou trois enfans au-
dessous de douze ans si l'on est marié, ou deux enfans
au-dessous de douze ans si l'on est veuf, ou enfin des in-
firmités incurables.

Que l'on se rappelle que la population totale de l'arrondissement est d'environ 47,000 individus, et l'on con-
cevra combien de malheureux ne sont pas secourus.

Les recettes se composent de fonds fournis par l'administration générale des hospices, des dons et legs versés par le préfet de la Seine, et enfin des collectes, souscriptions, quêtes, etc.; toutes les ressources du bureau de bienfaisance ont été, pour l'année 1840, de 121,695 fr. 23 cent.; les dépenses se sont montées en argent à 71,011 fr.; en farines converties en pains à 22,740, ce qui donne un total de 93,751 fr.

Cette somme, telle élevée qu'elle puisse paraître, est encore beaucoup trop faible; il nous suffira d'entrer dans quelques détails de ces dépenses pour faire partager au lecteur notre opinion.

Pain. — L'administration des hospices a fourni 379 sacs de farine qui, à raison de 104 pains de 2 kilog. par sac, donnent 39,416 pains; le bureau a acheté, en outre, 40 sacs qui ont produit 4,160 pains : si on avait réparti également entre les 4,299 indigens inscrits ces 43,576 pains, *chaque individu* DANS L'ANNÉE *n'aurait reçu que* DIX PAINS!

Viande. — Une somme de 2,485 fr. a été employée à acheter 2,961 kilo. de viande distribués : 2,712 kilo. à des indigens, 249 à des femmes en couche; en moyenne, chaque indigent n'aurait pas reçu *dans l'année* un kilog. de viande.

Mais, dira-t-on, que fait-on des autres sommes? La réponse est facile, elle est en chiffres, et nous en présenterons quelques-uns :

Habillemens, couvertures, layettes, couchers, 12,641 fr.

Bouillon, 1,601 fr. Nous ferons remarquer que cette somme est insuffisante, car pour les indigens la meilleure tisane, c'est le bouillon.

Combustibles, 3,666 fr. en bois, charbon; chaque indigent n'aurait pas en moyenne *trois cotrets* PAR AN!

Médicamens. Une somme de 6,299 fr. a été nécessaire, et cependant la pharmacie centrale en a fourni pour 5,884 francs, c'est dire assez que les médicamens prescrits étaient des plus simples, puisqu'ils étaient préparés et distribués par les soins des sœurs de charité. Le nombre toujours croissant des malades rend compte de l'élévation de plus en plus forte de cette dépense.

Secours aux vieillards, infirmes, paralytiques, 13,790 fr.

Veut-on connaître la nature des secours donnés aux femmes en couche? ils consistent en

3 pains de 2 kilogr. chaque;
3 kilogr. de viande crue;
3 cotrets;
1 kilogr. de chandelles;
1 layette;

Et, pendant une année entière, 3 litres de farine *par mois.*

Nous regrettions, il n'y a qu'un instant, l'insuffisance des secours accordés aux indigens; nous déplorons la partialité avec laquelle se fait, *en certains lieux,* le placement dans les hospices. Que l'on juge!

Il y a pour les hommes, à Bicêtre, 3,200 lits.

Pour les femmes, la Salpétrière, 5,100 lits.

Aux Incurables hommes, rue Saint-Martin, 414 lits, et 50 lits pour enfans.

Aux Incurables femmes, rue de Sèvres, 525 lits, et 50 pour les jeunes filles.

A l'hospice des Ménages 670 lits; à l'hospice de Villas 30 lits.

Après cette énumération, nous citons ce qui a été accordé au bureau de bienfaisance du quatrième arrondissement en 1840 :

6 lits à la Vieillesse, hommes.
11 lits à la Vieillesse, femmes.
1 lit aux Incurables, hommes.
1 lit aux Incurables, femmes.

Quelle admirable répartition ! quelle générosité envers un arrondissement qui comptait parmi ses indigens :

56 octogénaires,

96 septuagénaires,

41 aveugles,

17 paralytiques..

Nous écrivons en chiffres et en *chiffres authentiques ;* puissions-nous être lu, et qu'à l'avenir le quatrième arrondissement indigent fût mieux partagé !

§ XLVIII. — D'après nos propres observations, nous étions persuadés que les indigens se trouvaient accumulés dans certaines rues de chaque quartier, et que ces rues étaient les plus malsaines. Pour appuyer notre opinion de faits authentiques, nous nous sommes livré à un travail fort long et très minutieux, qui a consisté à classer les rues de chaque quartier d'après le plus grand nombre d'indigens qui y sont logés.

L'ordre parfait avec lequel est tenu le secrétariat du bureau de bienfaisance nous a permis de faire ce travail en dépouillant tous les bulletins d'inscriptions des indigens.

L'examen des tableaux suivans fait connaître le nombre d'hommes, de femmes et d'enfans indigens logés dans chaque rue de chacun des quartiers du quatrième arrondissement au 15 août 1842.

Mais, dira-t-on, la classe indigente est mobile et change souvent de logemens ; nous répondrons à cette objection que ce changement s'opère le plus ordinairement dans l'étendue de l'arrondissement, et que les indigens, intéressés à conserver leur inscription, ne quittent un quartier que pour un autre.

Nous ne présentons d'ailleurs ce travail que comme un renseignement statistique de plus à joindre à ceux qui nous permettrons de déduire les conclusions de ce mémoire. (1)

Le *quartier de la Banque* se trouve partagé en trois divisions, les 1re, 2e, 3e. Voici le classement des rues en suivant l'ordre du plus grand nombre d'indigens.

	Hommes.	Femmes.	Total.	Enfans.
Rue de Viarmes.	17	26	43	39
— St.-Honoré (n^{os} pairs). . . .	12	22	34	33
— du Four.	11	16	27	20
— des Vieilles-Étuves.	10	14	24	26
— Croix-des-Petits-Champs. .	8	15	23	19
— des Deux-Écus.	10	13	23	23
— de Grenelle.	5	14	19	8
— Sartines.	3	12	15	11
— Coquillière.	4	8	12	1
— Oblin.	6	5	11	9
— Mercier.	5	5	10	•
— du Bouloy.	3	7	10	11
— d'Orléans.	2	6	8	3
— Vannes.	3	4	7	5
— du Pélican.	2	3	5	•
— des Bons-Enfans.	3	2	5	3
Cloître St.-Honoré.	1	4	5	•
Rue Varennes.	1	2	3	•
— Babille.	1	2	3	7
— de La-Feuillade.	1	1	2	•
— Montesquieu.	1	1	2	•
Place des Victoires.	•	•	•	•
Totaux.	111	180	291	228

(1) *Nota.* En cherchant à établir la statistique des indigens du quatrième arrondissement, nous n'avons pu nous baser que sur les relevés exacts de l'administration municipale; or, elle ne connait que les indigens qu'*elle secoure*, et dans l'impossibilité où nous étions de citer le chiffre précis de *tous les indigens* de l'arrondissement, nous avons dû nous borner à faire l'histoire des *indigens secourus*.

Le quartier Saint-Honoré est partagé en trois divisions, les 4ᵉ, 5ᵉ, 6ᵉ. Nous avons classé les rues d'après le plus grand nombre d'indigens qui y sont logés.

	Hommes.	Femmes.	Total.	Enfans.
Rue Tire-Chape	31	49	80	62
— Saint-Honoré.	11	36	47	42
— du Chantre.	7	23	30	28
— de la Bibliothèque.	7	22	29	21
— l'Arbre-Sec.	10	19	29	15
— Froid-Manteau.	11	17	28	18
— Bailleul.	7	18	25	14
— de la Limace.	7	12	19	12
— des Fossés-St.-Germain. . .	6	9	15	13
— des Bourdonnais.	4	11	15	12
— des Foureurs.	4	10	14	13
— des Poulies.	4	9	13	14
— Pierre-Lescot	6	6	12	«
— du Roule.	3	8	10	11
— des Déchargeurs	3	7	10	9
— Béthisy.	3	5	8	8
— Jean-Tison.	1	6	7	3
— de l'Oratoire.	3	3	6	5
Impasse des Bourdonnais. . . .	3	3	6	12
Rue du Plat-d'Etain.	2	4	6	6
— et place du Louvre.	2	4	6	2
— des Lavandières.	2	3	5	5
— des Deux-Boules.	3	1	4	»
— des Poulies.	2	1	3	»
— des Mauvaises-Paroles. . .	»	3	3	»
— d'Angevilliers.	»	1	1	»
Place du Palais-Royal	»	1	1	»
Rue du Coq.	»	»	»	»
— Bertin-Poirée	»	»	»	»
Totaux.	142	288	430	325

Les 7ᵉ, 8ᵉ, 9ᵉ divisions du bureau de bienfaisance comprennent le *quartier du Louvre*.

	Hommes.	Femmes.	Total.	Enfans.
Rue St.-Germain-l'Auxerrois. .	84	145	229	173
— des Prêtres-St.-Germ.-l'Aux.	23	41	64	27
— de la Sauneric. . .·	18	30	48	35
— Thibautodé.	12	24	36	33
— de l'Arbre-Sec.	15	21	36	36
Quai de la Mégisserie . . : . . .	9	24	33	27
Rue des Lavandières.	8	17	25	3
— Boucher.	7	17	24	18
— Béthisy.	6	11	17	7
— des Fossés-St.-Germ.-l'Aux.	4	12	16	7
Place du Chevalier-du-Guet . . .	5	9	14	7
Rue du Chevalier-du-Guet	5	8	13	2
— Saint-Denis	5	8	13	6
— de la Monnaie.	4	6	10	12
— Perrin-Gasselin.	4	7	11	10
— Bertin-Poirée	2	7	9	3
Quai de l'Ecole.	3	6	9	4
Rue des Deux-Boules.	1	7	8	5
Passage de la Treille.	1	6	7	6
Rue des Orfèvres.	3	4	7	6
— Chilpéric.	3	3	6	9
Place de l'Ecole	2	3	5	1
— Place des trois Maries . . .	3	2	5	6
— Bertin-Poirée	2	2	4	3
Rue St.-Jacques-la-Boucherie..	1	2	3	2
— Pierre-à-Poisson . , ...	1	2	3	2
— de l'Arche-Marion	1	2	3	9
— de l'Arche-Pépin	1	1	2	1
Impasse de la Petite-Bastille. . .	»	1	1	»
Place du Châtelet.	»	»	»	»
Totaux.	233	428	661	460

Le quartier des Marchés forme les 10e, 11e et 12e divisions du bureau de bienfaisance. Les indigens sont ainsi répartis par leurs logemens.

	Hommes	Femmes	Total.	Enfans.
Rue de la Cossonnerie.	40	75	115	68
— des Prêcheurs.	30	48	78	63
— de la Cordonnerie.	33	33	56	53
— des Potiers-d'Etain	22	33	55	52
— Saint-Denis.	16	26	42	38
— de la Ferronnerie.	19	20	39	40
— de la Grande-Friperie . . .	10	28	38	30
— Mondétour	10	23	33	30
— Chanverrerie	12	21	33	41
— aux Fers.	12	18	30	24
— de la Tonnellerie.	9	11	20	12
— de la Poterie	6	11	17	5
— de la Vieille-Harangerie . .	5	9	14	16
— des Lavandières.	6	8	14	20
Place Ste.-Opportune.	5	8	13	13
Charnier des Innocens.	6	7	13	13
Rue de la Tabletterie	4	9	13	15
— de l'Aiguillerie	3	7	10	9
— Courtalon	3	7	10	9
— au Lard	4	6	10	10
— Perrin-Gasselin	3	6	9	4
— St.-Honoré.	3	5	8	5
— Jean-Bauce.	3	5	8	10
— du Marché-aux-Poirées. . .	4	4	8	3
— des Fourreurs.	2	4	6	3
— de la Lingerie.	1	5	6	5
Marché-aux-Poirées.	2	3	5	4
— à la Verdure.	2	2	4	2
Rue de la Petite-Friperie	1	2	3	1
— des Déchargeurs	1	1	2	.
— Lenoir.	.	2	2	6
— du Chevalier-du-Guet. . . .	1	1	2	6
— Pirouette.	.	1	1	4
Totaux.	162	445	608	610

Il résulte du classement que nous venons de faire, que les indigens secourus par le bureau de bienfaisance sont logés en plus grand nombre dans les quartiers du Louvre, des Marchés, Saint-Honoré et de la Banque,

Quartiers.	Chefs de famille.		Enfans.
	Hommes.	Femmes.	
Du Louvre.	233	428	461
Des Marchés.	162	445	610
St.-Honoré.	142	288	325
de la Banque.	111	180	228
Totaux...	648	1,341	1,624

et que les rues Saint-Germain-l'Auxerrois, de la Cossonnerie, Tire-Chape, Viarmes, à elles seules sont occupées
par 809 indigens, tant chefs de famille qu'enfans recevant
des secours.

Professions des indigens.

§ XLIX. — Nous citerons seulement les professions les
plus nombreuses parmi les hommes et les femmes indigens
du quatrième arrondissement (année 1841).

Chefs de ménages (hommes), sur 733 il y avait :

Portiers 108
Tailleurs 97
Cordonniers. 75
Journaliers 58
Commissionnaires 44
Marchands revendeurs. 29
Peintres-colleurs. 18
Porteurs d'eau. 17
Menuisiers. 14
. . . . 00
Sans état 100

Parmi les femmes :

Ouvrières à l'aiguille 153
Journalières de divers états. . . . 151
Marchandes revendeuses. 108
Portières 66
Femmes de ménage. 57
. . . . 00
Sans état. 138

Cette rapide énumération suffit pour faire connaître la plus grande partie du personnel des indigens. Quant à leurs habitudes, à leurs mœurs, chacun les connaît, chacun sait que la plupart sont nés misérables, qu'ils vivent et meurent misérables. Qui doit-on accuser? le hasard de leur naissance!!

§ L. — Un petit nombre de familles sont victimes des maladies, des chances du commerce, des évènemens, et viennent grossir le chiffre des indigens. Mais toutes les autres tombent dans le besoin par leur dissipation, leur paresse et leur imprévoyance.

Que d'efforts persévérans, quel courage opiniâtre il faut aux enfans nés dans cette position, et élevés au milieu d'exemples vicieux, pour sortir de cette abjection! Aussi le nombre de ceux qui parviennent à une position aisée et honnête est-il bien limité. M. le docteur Leuret a parfaitement dépeint la classe indigente; sa notice sur les indigens de la ville de Paris (*Annales d'hygiène*, tom. xv, pag. 294) renferme des détails curieux et de la plus grande vérité.

Maladies des indigens du quatrième arrondissement.

§ LI. — La population indigente se compose, comme on se le rappelle, d'environ neuf cents hommes, et de trois mille femmes et enfans. Eh, bien! les deux tiers de cette population réclament continuellement les soins des médecins. Année commune, *mille* malades sont soignés à domicile, et environ *cent cinquante* sont transportés aux hôpitaux; en outre, il y a plus de *cinq mille* prescriptions faites par consultation.

En faisant le classement des indigens pour chaque rue, nous avons feuilleté les *deux mille bulletins* d'inscription de chaque ménage, et nous avons fait en quelque sorte un relevé de leurs titres pathologiques, triste énumération ! qui augmente, s'il est possible, l'intérêt qu'inspire cette classe de la société.

Parmi les hommes, les hernies, la phthisie pulmonaire à ses différens degrés, l'hypertrophie du cœur, les affections pulmonaires chroniques, l'affaiblissement de la vue, les scrofules, sont les maladies les plus communes.

Chez les femmes, les affections de matrice, la perte de la vue, les maladies cancéreuses, les varices, sont extrêmement nombreuses. Chez les enfans, tout le cortège des maladies scrofuleuses.

Nous insistons sur cette fréquence de la maladie scrofuleuse parce qu'elle existe, parce qu'elle fait des progrès chaque année, et parce que c'est une maladie organique qui étiole la génération nouvelle, et y répand un véritable crétinisme.

§ LII.— Un médecin distingué, M. le docteur L.-B.-J. Legras, chargé de donner ses soins à la classe indigente du quartier des Marchés, a fait, en 1818, un travail très remarquable sur les maladies régnantes qu'il avait observées, et pour lequel il a obtenu le prix de Corvisart.

La section du bureau de charité du quatrième arrondissement, sur laquelle M. le docteur Legras a fait ses observations, était bornée au sud, par la place des Innocens, au nord par les rues de la Grande et de la Petite-Truanderie, à l'est par la rue Saint-Denis, et à l'ouest par le carreau des Halles et la rue de la Fromagerie.

« ..... (1) La position de cette section est telle, comme il sera facile de s'en convaincre bientôt, qu'elle réunit beaucoup de causes capables de donner naissance à une foule d'affections morbides. En effet, que l'on se figure des maisons dont la création remonte à plusieurs siècles, qui ont communément six et sept étages, et sont presque toutes

(1) *Annales du Cercle médical*, t. II, p. 92, 1822.

situées dans des rues étroites, tortueuses, difficilement tra-
versées par les vents et de plus privées des rayons directs
du soleil une grande partie de l'année ; que l'on ajoute
à cette première cause d'insalubrité celle qui est occasion-
née par une population de douze à quinze mille individus, dont la majeure partie est composée de vieillards infirmes des deux sexes, de journaliers, de porteurs d'eau,
de revendeuses, etc., lesquelles, trouvant les logemens ou
plutôt des abris peu coûteux et voisins de leurs travaux,
viennent s'entasser par *centaine,* jusque sous les toits de
ces édifices ruinés, où ils sont soumis à toutes les rigueurs
des saisons, et l'on aura une idée des affections qui habitent avec ces mêmes indigens.

« Les quantités immenses d'immondices de toutes espèces qui chaque jour sont jetées çà et là dans les rues qu'il
est difficile de nettoyer complétement en raison du grand
nombre de voitures et de bêtes de somme qui les ob-
struent sans cesse ; l'arrivée de la marée et du poisson
d'eau douce vient encore, par leur perpétuel séjour dans
plusieurs de ces rues, augmenter les qualités malfaisantes
de l'air, et donner lieu, sous l'influence d'une constitution
chaude et humide, au développement de plusieurs maladies *par miasmes,* qui présentent presque constamment un
caractère de malignité dont la médecine a souvent peine
à triompher.

« Nulle part peut-être le préjugé qui s'oppose à la vaccine (*l'auteur écrivait en* 1820) n'est plus généralement
partagé que parmi cette classe indigente qui forme près
d'un sixième de la population de la capitale. Chaque année un grand nombre d'enfans périssent ainsi victimes de
l'ignorance et de l'incrédulité de leurs parens.

« La situation des maisons dans des rues étroites n'est
pas la seule cause qui influe sur la santé des habitans ; la
plupart d'entre elles sont occupées par des familles sur-

chargées d'enfans, par des personnes des deux sexes qui
par leur âge avancé, et une extrême sensibilité à l'impression d'un froid humide ont une grande répugnance à tenir
les portes et les croisées ouvertes; l'air des chambres n'est
jamais entièrement renouvelé, et ils sont singulièrement
disposés aux affections catarrhales chroniques, aux fièvres
gastriques et adynamiques.

« Les inconvéniens non moins graves de toutes ces
localités sont le voisinage des magasins de salines et des
objets qui ont servi à leurs transports, les lavages conti-
nuels dans les magasins, dans les cours, et par suite cette
humidité dangereuse que les chaleurs les plus fortes ont
peine à faire disparaître.

« L'influence qu'exerce dans ce quartier l'absence du
soleil sur des individus pris dans diverses classes de la société et à différentes époques de la vie n'est pas moins di-
gne des observations du médecin; par exemple, sur *dix*
individus, depuis l'époque de leur naissance jusqu'à l'âge
de huit ans, *neuf* sont atteints d'affections scrofuleuses; chez
les plus jeunes, la maladie a son siège dans les glandes du
mésentère, au cou et aux paupières; plus tard, elle se
fixera sur les os, et se fera remarquer par un certain degré
de ramollissement qui est suivi de leur courbure dans un
âge plus avancé; on observe encore un état de démarca-
tion générale avec tendance à la fièvre hectique; passé
l'âge de dix ans, les enfans, qui ont été assez heureux pour
se soustraire à la maladie scrofuleuse, sont tourmentés par
de fréquens épistaxis qui dégénèrent en cachexie scorbuti-
que; les petites filles sont affectées de chlorose long-temps
avant d'être réglées, et lorsqu'elles le sont, l'écoulement
sanguin est souvent remplacé par des flueurs blanches qui
les minent insensiblement et les conduisent assez ordinairement à la phthisie pulmonaire. Les affections croupales
sévissent cruellement chaque année sur ces malheureux

enfans disposés aux scrofules et en sont aussi une des com-
plications les plus funestes.

« Les individus de l'âge de 20 à 50 ans ne paraissent
pas soumis aux mêmes influences, parce que leur genre de
vie, leur occupation habituelle, les éloignent plutôt et
plus long-temps de leurs demeures ; mais l'abus du vin,
surtout des liqueurs fermentées, devient pour eux une
source féconde de maladies. Aussi n'est-il pas rare de ren-
contrer des hommes, jeunes encore, déjà atteints de trem-
blement des extrémités ; d'autres succombent à la suite
d'hémorrhagies actives ou d'apoplexie foudroyante, ou, si
une forte constitution leur a permis d'atteindre l'âge de
60 ou 70 ans, on les voit succomber à la suite de maladies
organiques de l'estomac, après avoir langui long-temps
dans nos bureaux de charité ou dans les hôpitaux.

« Un grand nombre de femmes, soumises aux mêmes
travaux et vivant de la même manière, offrent de fréquens
exemples de paraplégie ou d'hémiplégie, avant l'âge de
65 ans; mais on observe plus particulièrement chez elles,
des affections catarrhales chroniques qui surviennent après
l'âge critique, et qu'elles conservent souvent jusqu'au dernier terme de leur existence; d'autres dont le genre de vie
est moins actif, et qui, par état, sont constamment exposées au grand air, en conservant le repos de corps le plus
absolu, sont fréquemment tourmentées par des affections
nerveuses très variées, par des douleurs sciatiques, des
rhumatismes dans les articulations, l'engorgement des vis-
cères abdominaux... maladies qui contrastent singulièrement avec l'état de fraîcheur et d'obésité extraordinaire
que l'on remarque chez plusieurs d'entre elles. »

Telles étaient en 1818 les observations de M. le docteur
Legras sur les habitans des rues *aux Fers, de la Cossonnerie, des Prêcheurs, de la Chanverrerie, de Mondétour, de la
rue Pirouette, des Piliers, des Potiers-d'Étain, du Marché*

7

aux Poirées et du côté gauche de la rue Saint-Denis. Ces considérations sont encore les mêmes aujourd'hui, et les conditions d'insalubrité n'ont fait que persister avec plus d'intensité, puisque *vingt-quatre ans* se sont écoulés sans que les maisons aient été nettoyées, ni que les habitans aient changé leurs habitudes.

Les causes des maladies, qui sévissent sur les habitans du quartier des Marchés, agissent sans cesse ; on ne peut donc y soustraire ceux-ci qu'en détruisant les maisons, telles qu'elles existent, pour leur substituer des constructions convenables et destinées aux individus qu'elles doivent loger.

Dans quelques mois la rue de Rambuteau ouvrira une nouvelle voie à cette partie du quartier des Marchés, puisse-t-elle revivifier un peu les masures voisines !

§ LIII. — Le service médical est rempli par seize médecins qui se partagent chaque division, selon le chiffre de la population indigente. Quatre sages-femmes et un dentiste sont en outre adjoints. Cinq sœurs de charité sont chargées de distribuer les tisanes et les médicamens simples qui ont été prescrits par les médecins. Elles visitent les malades avec un zèle et un dévoûment qui leur méritent la reconnaissance publique.

Un pharmacien prépare les médicamens qui se composent de substances très actives et pour lesquels des erreurs entraîneraient de fâcheux accidens.

CHAPITRE V.

DE LA PROSTITUTION DANS LE QUATRIÈME ARRONDISSEMENT.

§ LIV.— La prostitution exerce sur la santé publique, en général, une influence trop marquée, pour que nous ne l'étudiions pas dans les quartiers qui composent le quatrième arrondissement.

Les documens, sur un sujet aussi délicat, nous ont été fournis par l'ouvrage si intéressant de Parent-Duchâtelet (1), et par les renseignemens que nous a procurés, avec une obligeance infinie, un de nos confrères.

A toutes les époques, les historiens de Paris ont parlé de l'immoralité de la population et du grand nombre des prostituées. Dulaure (2) s'est complu à réunir sur ce sujet les faits les plus infâmes et les plus exagérés. Nous nous bornerons à donner les détails que nous avons recueillis et qui nous ont paru devoir mériter le plus de confiance.

Au milieu du siècle dernier, on estimait à 25,000 le nombre des prostituées exerçant leur métier dans la ville de Paris; en 1810, on le portait à 18,000, dont la moitié environ n'était composée que de femmes et de filles entretenues.

Parent-Duchâtelet a indiqué pour vingt-et-une années, de 1812 à 1834, le nombre des prostituées que l'administration a pu surveiller.

En 1812, la moyenne était de 1,293 prostituées, elle s'élève pendant les années suivantes, et en 1816, où l'exactitude du nombre est complète, il est de 2,185 prostituées; cette moyenne varie de 2,412 à 2,913, jusqu'à ce que, pendant l'année 1830, elle monte à 3,028 et s'accroît jusqu'en 1832, où elle est de 3,558.

A l'époque actuelle la moyenne a suivi sa progression croissante, et elle est de 4,137 prostituées.

On comprend que nous ne parlons ici que du nombre des prostituées inscrites et soumises à l'examen du dispensaire: car le chiffre des femmes et filles qui se livrent au libertinage et à la prostitution clandestine ne peut pas être

_____

(1) *De la prostitution dans la ville de Paris*, 2 vol., 1836. — *Des filles publiques de Paris*, par Béraud, 1839.
(2) Dulaure, *Histoire de Paris*. État civil, moral.

7.

évalué approximativement, il varie selon les saisons et les circonstances politiques et commerciales.

§ LV. — De ces généralités si nous arrivons à ce qui concerne la prostitution dans le quatrième arrondissement, nous voyons avec Parent-Duchâtelet que les maisons tolérées se trouvaient réparties de la manière suivante à trois époques différentes.

Arrondissemens.	Quartiers.	Époques.		
		1824.	1831.	1832.
IVᵉ.	Saint-Honoré.	13	16	18
	Du Louvre.	3	6	6
	Des Marchés.	1	0	1
	De la Banque.	16	14	15
	Total . .	33	36	40
IIᵉ.	De la Chaus. d'Antin.	12	7	6
	Du Palais-Royal.	19	24	27
	Feydeau.	20	23	25
	Du f. Montmartre.	1	5	5
	Total. . .	52	59	63

Le nombre total des maisons de tolérance était à Paris, à ces trois époques, de 163, 209, 220. On voit que le quatrième arrondissement se range aussitôt après le second, et que dans ses quatre quartiers il se trouve près de *la moitié* des maisons tolérées dans les quarante-quatre autres qui composent Paris.

En 1831, le nombre des filles inscrites était de 3,022 demeurant dans Paris, elles se trouvaient réparties entre les douze arrondissemens, de telle sorte que le *maximum* était de 706 (deuxième arrondissement), le *minimum* de 59 (huitième arrondissement) et la moyenne de 252. Le quatrième arrondissement se trouvait placé bien au-dessus de cette moyenne, car il en avait 497.

Parent-Duchâtelet a voulu établir la différence qui existait entre les arrondissemens, sous le rapport de la proportion qui se trouve entre la population et les prostituées qui y sont mêlées.

Voici les résultats qu'il a signalés, nous comparons toujours le second arrondissement au quatrième:

Arrondis-sement.	Quartiers.	Nombre des prostituées.	Population en 1831.	Rapport.
IVe.	Saint-Honoré.	263	11,006	1 fille s. 42 hab.
	Du Louvre.	64	11,215	— 175 —
	Des Marchés.	15	10,766	— 717 —
	De la Banque.	155	11,747	— 76 —
	Total. . .	497	44,744	
IIe.	De la Chaus. d'Antin.	67	17,433	1 fille s. 260 hab.
	Du Palais-Royal.	316	19,928	— 63 —
	Feydeau.	179	15,734	— 88 —
	Du fau. Montmartre.	144	21,078	— 150 —
	Total. . .	706	74,773	

Certaines rues en contiennent beaucoup, ainsi il y en avait en 1831 :

          26 rue du Chantre,
          28 — des Deux-Écus,
          46 — de Viarmes,
          60 — Froidmanteau,
          99 — Saint-Honoré.

Parent-Duchâtelet fait remarquer que les trois quarts des prostituées peuvent établir leur domicile partout où elles veulent, mais que c'est toujours dans les mêmes lieux et dans les mêmes quartiers qu'elles s'établissent, parce qu'elles savent que ceux qui les fréquentent viendront les y chercher.

Après avoir établi par des chiffres le nombre des filles publiques constaté administrativement, nous observerons que l'on se tromperait singulièrement si on appréciait l'état moral et de santé de la population du quatrième arrondissement aussi bien que de celui du deuxième arrondissement, d'après le grand nombre de filles publiques qui habitent leurs quartiers.

Les prostituées se fixent dans certaines rues selon les mœurs et les goûts des habitués qui les visitent. Aussi recherchent-elles le voisinage des hôtels où descendent beaucoup d'étrangers à Paris.

Quand on aura jeté les yeux sur le tableau qui donne pour le quatrième arrondissement le nombre des hôtels et le mouvement des voyageurs, à six époques distinctes, on ne sera pas surpris de la prédilection des prostituées pour ces quartiers.

Quelle que soit la classe à laquelle elles appartiennent, les prostituées trouvent facilement le moyen d'établir des relations parmi tant d'hommes pour la plupart désœuvrés.

Outre ce puissant motif qui détermine les filles publiques à se fixer dans ces quartiers, il ne faut pas oublier le voisinage des théâtres, des ministères, de la Bourse, de tous ces centres de plaisirs et d'affaires.

Les individus qui fréquentent les prostituées sont moins exposés à perdre leur santé auprès de celles qui font partie des maisons de tolérance, car on sait que les médecins du dispensaire font de fréquentes visites et séparent aussitôt les femmes qu'ils soupçonnent malades. C'est la prostitution clandestine qui propage les maladies, c'est elle que l'on ne peut malheureusement arrêter, et qui est pourtant la plus nombreuse.

Nous disions tout-à-l'heure que le grand nombre de filles publiques habitant le quatrième arrondissement ne devait pas faire préjuger l'état moral et physique de sa population, parce qu'en effet ce ne sont pas les habitans de ses quartiers qui visitent les prostituées; ils pourraient craindre d'être reconnus; mais ce sont les hommes qui demeurent dans tous les autres points de la ville.

CHAPITRE VI.

PAVAGE. — NETTOIEMENT DES RUES.

§ LVI.—Dans la première partie de ce mémoire (p. 23),

nous avons dit que, pendant plusieurs siècles, tous les
efforts tentés pour entretenir et perfectionner le nettoiement de la ville, ainsi que l'état du pavage, ont été sans
succès. On n'était pas encore parvenu à des résultats bien
satisfaisans, il y a à peine soixante ans, si l'on ajoute foi aux
nombreuses plaintes qui s'élevaient chaque année, et si
l'on consulte les projets encore plus nombreux proposés à
l'administration.

Nous avons parcouru toutes les brochures, tous les
imprimés que renferme sur ce sujet la bibliothèque de la
ville de Paris, nous y avons trouvé quelques réflexions
fort bonnes, des projets excellens, mais qui n'ont jamais
pu être mis à exécution.

Un critique anonyme (1) se plaignait, en 1782, du
mauvais état du pavé, de l'élévation des maisons, de
l'inexécution des réglemens sur le balayage, de la disette
d'eau, du défaut de pente des rues et de l'insuffisance des
égouts. *Les quartiers,* disait-il, *où le défaut d'air est le
plus pernicieux sont ceux des Halles.* « Autrefois, observe
cet auteur, les rues étaient moins sales qu'aujourd'hui,
parce qu'il y avait moins de voitures et parce que chaque
maison était pourvue de longues gouttières saillantes qui,
à la moindre pluie, versaient l'eau des toits sur le pavé
des rues et les lavaient entièrement; en outre, les boutiques n'étaient pas fermées, et les marchands, qui crai-
gnaient de voir leurs marchandises salies ou gâtées par les
éclaboussures, entretenaient avec grand soin et lavaient
le devant de leurs magasins. »

La suppression si lente et si tardive des gouttières saillantes, et leur remplacement par des gouttières avec
tuyaux de descente, a eu, selon nous, de bien meilleurs
résultats; car, outre la satisfaction pour les passans de ne

(1) *Vues sur la propreté des rues de Paris;* 1782.

plus recevoir des douches froides , le pavage a été moins
déchaussé et partant plus solide. Un sieur Tournon (1)
proposait un nouveau mode de pavage, la suppression
des bornes contre les maisons , le remplacement des ruisseaux coulant au milieu des rues par des canaux couverts.

Pendant les premières années de la révolution , les
débats politiques ne permirent pas de surveiller convenablement le nettoiement de la ville ; et un médecin ,
Audin-Rouvière , dans une topographie de Paris , publiée
l'an II (1793), dit : « Que les boucheries, les poissonneries
dont la malpropreté est dégoûtante , infectent l'air ; les
égouts puans, les eaux croupissantes et stagnantes dans les
ruisseaux corrompent l'atmosphère. »

En 1797 (an v de la république) , la malpropreté était
devenue excessive (2), les chèvres, les cochons couraient
dans les rues ; les immondices de toute nature restaient
accumulés par tas énormes.

Des mesures de salubrité furent prises enfin , et un nouveau marché fut conclu pour l'enlèvement des boues de
Paris, au prix de 613,000 livres ; avant la révolution, il
n'était que de 280,000 livres. Cette différence provient-
elle de la malpropreté devenue plus grande, ou de l'insuffisance ancienne du nettoiement ?

§ LVII. — Actuellement le nettoiement des rues est,
il faut en convenir, aussi complet que possible ; l'établissement des trottoirs , l'enlèvement des bornes et la défense
de déposer des immondices pendant la journée , ont contribué à la propreté. Les nouveaux essais de pavage en
chaussée, et surtout les trottoirs à encorbellement, qui
placent le ruisseau dans un canal couvert, diminuent la
boue et permettent à l'air de sécher le pavé.

(1) *Moyen de rendre propres les rues de Paris ;* 1789.
(2) *Essai sur la propreté de Paris,* par Chauvet, 1797.

Les principales rues du quatrième arrondissement jouissent déjà de ces avantages, et tout doit faire espérer qu'ils seront appliqués successivement aux autres rues.

Pendant l'été, *vingt* voitures (1) sont employées chaque jour à l'enlèvement des ordures ménagères et produits du balayage sur les différentes localités de l'arrondissement ; en hiver, dix-sept voitures suffisent.

La charge de chaque voiture varie selon l'état de l'atmosphère ; mais on peut évaluer la quantité de boues enlevées par jour à 35 ou 40 mètres cubes.

Pour le service des halles du centre, en été, on emploie spécialement quinze voitures le matin et dix voitures le soir. La quantité d'immondices enlevés est d'environ 36 mètres cubes par jour. En hiver, le nettoiement des halles se fait au moyen de *neuf* voitures le matin et *six* le soir.

Cette différence dans les quantités enlevées pendant l'été et l'hiver dépend de la verdure et des feuilles de légumes qui sont abondans dans une saison et peu considérables dans l'autre.

Comme point de comparaison, nous citerons le nombre de voitures nécessaires au nettoiement des marchés Saint-Germain et Saint-Honoré, qui sont les plus abondamment fournis comme marchés de détails.

Au marché Saint-Honoré, en été, deux voitures le matin, une le soir, pour 5 à 6 mètres par jour. En hiver, *une* voiture le matin, *une* le soir.

Au marché Saint-Germain, *deux* voitures suffisent en toutes saisons. La quantité d'immondices enlevés est de 4 mètres cubes par jour.

L'exposé des détails qui précèdent fait voir que les

---

(1) Ces renseignemens nous ont été fournis avec beaucoup d'obligeance, par M. Dufaille, inspecteur principal de la salubrité.

halles fournissent *seules* autant d'immondices que toute
la superficie de l'arrondissement.

En moyenne, on enlève chaque année des halles du
centre 12,600 mètres cubes d'immondices et 14,400 mètres
cubes de boues, poussière et immondices sur l'étendue de
tout le quatrième arrondissement.

Que l'on se représente la masse que pourrait former le
produit de l'accumulation de *vingt-sept mille mètres cubes*
d'immondices fournis en une seule année par un seul arrondissement de Paris !. Quel horrible foyer d'infection,
si chaque jour on ne se hâtait d'en enlever les élémens.

Bornes-fontaines, égouts.

§ LVIII. — De nombreuses améliorations ont été faites
depuis dix ans dans tout Paris, le quatrième arrondissement n'a pas été oublié. En 1821, il n'existait que dix-
huit bornes-fontaines; il y en a aujourd'hui (15 août 1842)
quatre-vingt-douze. Nous n'avons pas besoin de nous appesantir sur les immenses avantages que produisent ces
fontaines dans l'intérêt de la propreté et de la salubrité;
elles permettent le lavage journalier des ruisseaux et elles
facilitent le curage des égouts.

Les embranchemens des égouts se sont multipliés depuis quelques années; nous citons tous ceux qui existent
actuellement, en indiquant la date de leur construction
et le nombre de bouches. Cette note nous a été commu-
niquée par M. Calmard, chef de service à la direction
de la salubrité.

Le nombre des égouts qui desservent le quatrième arrondissement est de 31, dont 4 sont limitrophes avec le
troisième et le sixième arrondissement.

Les 29 égouts spéciaux du 4ᵉ arrondissement son^t

Egout, rue Baillif (1841) . . . .   1 bouche.
— rue du Bouloy (1840) . . . .   2 ¾ *id.*
— rue de Grenelle-St-Honoré (1836) . . . .   3 *id.*
— rue St-Honoré, de l'Arbre-Sec à celle de l'Oratoire
   (1840) . . . .   7 *id.*
— place de l'Oratoire (ancienne construction) . . . .   2 *id.*
— place du Louvre (1831 et 1841) . . . .   7 *id.*
— rue de l'Arbre-Sec (1841) . . . .   3 [*id.*
— rue de la Monnaie (1841) . . . .   3 *id.*
— rue des Fossés-St-Germain-l'Auxerrois (1841) . . .   1 *id.*
— place de l'Ecole (ancien) . . . .   6 *id.*
— place de la pointe St-Eustache (ancien) . . . . . .   2 *id.*
— rue du Marché-aux-Poirées (ancien) . . . .   6 *id.*
— rue de la Lingerie (1832) . . . .   5 *id.*
— rue de Vannes (1838) . . . .   1 *id.*
— rue des Deux-Ecus (1836) . . . .   8 *id.*
— rue de la Tonnellerie (1836) . . . . : . .   8 *id.*
— rue St-Honoré, de celle du Roule à celle des Bourdonnais
   (ancien) . . . .   5 *id.*
— rue Ste-Opportune (1838) . . . .   5 *id.*
— rue de la Ferronnerie (ancien) . . . .   2 *id.*
— rue des Lavandières (1842) . . . .   3 *id.*
— rue des Fourreurs (1842) . . . .   2 *id.*
— rue des Bourdonnais (ancien) . . . .   7 *id.*
— rue des Fuscaux (ancien) . . . .   1 *id.*
— rue de l'Arche-Pépin (ancien, prolongé en 1842) . .   3 *id.*
— quai de la Mégisserie (1835) . . . .   1 *id.*
— rue de la Saunerie (ancien) . . . .   1 *id.*
— rue St-Germain-l'Auxerrois (ancien) . . . . . .   2 *id.*
— rue des Bons-Enfans (1839, jusqu'au Palais-Royal) . .   7 *id.*
— rue Oblin (1839) . . . .   1 *id.*

Les 4 égouts limitrophes sont :

— rue St-Denis, de la place du Châtelet à la rue de la Grande-
   Truanderie (ancien) . . . .   7 *id.*
— rue Traînée (1838) . . . .   1 *id.*
— rue Coquillière (1838) . . . .   6 *id.*
— place des Victoires (1836) . . . .   2 *id.*

Total : . . . 121 bouches.

Ces égouts sont curés généralement deux fois par semaine ; ceux des halles le sont souvent jusqu'à trois fois,
surtout en été.

Latrines. — Plombs. — Descentes des eaux ménagères.

§ LIX. — Nous avons rapporté (page 25) un article du réglement de 1663, qui « enjoint à tous propriétaires de maisons, où il n'y a fosses et retraits, d'y en faire incessamment et sans délai. » A cette époque et depuis, des fosses ont été construites, mais les propriétaires avaient soin, autant qu'ils le pouvaient, de les faire se perdre dans les puits, puisards et égouts.

Les inconvéniens qui en résultaient furent combattus toutes les fois qu'on les signala à l'administration. Un décret du 10 mars 1809 réglait les mesures à suivre pour les fosses d'aisances dans Paris ; il fut abrogé en 1819 par une ordonnance de police du 23 octobre, qui prescrivit, 1° le mode de construction des fosses, 2° la reconstruction des fosses dans les maisons existantes, 3° la réparation des fosses, 4° les formalités à remplir pour ces deux objets, 5° la vidange, 6° le service des fosses mobiles.

Nous avons lu et relu avec attention les mesures prescrites par cette ordonnance (1), et nous avons trouvé, dans les omissions qu'elle présente, l'explication de la mauvaise odeur, de la puanteur qui règnent constamment dans toutes les anciennes maisons qui sont entassées dans nos vieux quartiers du quatrième arrondissement.

Après avoir réglé le mode de construction des fosses nouvelles, l'ordonnance porte (art. 14) : le tuyau de chute est toujours dans le milieu de la fosse, son diamètre intérieur ne peut avoir moins de 25 centimètres s'il est en terre cuite et de 20 centimètres s'il est en fonte.

Art. 15. Il doit être établi, parallèlement au tuyau de chute, un tuyau d'évent, lequel est conduit jusqu'à la hauteur des souches de cheminées de la maison ou de

---

(1) *Nouveau Dictionnaire de police* (1835).

celles des maisons contiguës, si elles sont plus élevées ; le diamètre de ce tuyau d'évent doit être de 25 centimètres au moins.

Ces dispositions concernent la construction des maisons neuves ; quant aux anciennes, l'article 21 dit : Le tuyau d'évent ne peut être exigé que s'il y a lieu à reconstruire un des murs en élévation au-dessus de ceux de la fosse, ou si ce tuyau peut se placer intérieurement ou extérieurement sans altérer la décoration des maisons.

Il en résulte que les fosses restent sans tuyau d'évent, et que, dans toutes ces vieilles maisons, ce sont les embranchemens du tuyau de descente placés à chaque étage qui en tiennent lieu. Comme c'est ordinairement le long des escaliers qu'est placé le tuyau de descente ainsi que chaque latrine, le courant d'air qui règne dans la cage de l'escalier fait appel des gaz de la fosse et les répand dans l'intérieur de la maison.

§ LX. — L'ordonnance de police du 8 août 1829 renferme des dispositions sur la conduite et l'écoulement des eaux, mais aucune ne concerne l'écoulement des eaux ménagères dans l'intérieur des maisons, les propriétaires peuvent l'établir comme ils le jugent convenable. Le rédacteur du *Dictionnaire de police* ajoute : Que si, par suite de négligence des propriétaires, les eaux ménagères, faute d'écoulement suffisant, se répandent dans les escaliers ou restent stagnantes dans les cours ou dans les allées et y produisent l'infection, il n'est pas douteux que l'autorité municipale, en vertu de la loi du 16-24 août 1790, ne puisse prendre un arrêté pour prescrire les dispositions qui seraient jugées nécessaires dans l'intérêt de la salubrité.

Personne n'a recours à l'autorité municipale, et les eaux ménagères, par leur stagnation ou leur écoulement dans les allées, les couloirs obscurs des maisons, y entretiennent l'humidité et la mauvaise odeur.

§ LXI.—Le sujet dont nous nous occupons nous amène à faire quelques remarques sur les habitudes de malpropreté qui ont été contractées par la majorité de la population de Paris.

Dans les rues, le moindre enfoncement entre les maisons est aussitôt choisi pour servir d'urinoir public; outre les inconvéniens de ces habitudes sous le rapport de la bienséance publique, il en résulte une odeur très fétide dans les maisons, par le séjour de l'urine entre les pavés.

L'autorité municipale, qui fait payer 5 fr. le battage d'un tapis par une fenêtre, n'aurait-elle pas le droit d'empêcher les habitans de s'arrêter autre part que devant les urinoirs disposés à cet effet et lavés par un jet d'eau continu.

La disposition actuelle des places de voitures et cabriolets est vicieuse, le pavage devrait être profondément et solidement bitumé, pour que l'urine des chevaux ne stagnât pas entre les pavés et ne répandît pas l'odeur ammoniacale qui s'exhale surtout pendant l'été.

Eclairage.

§ LXII. — En 1832, l'éclairage de Paris était fait au moyen de 5,247 réverbères fournissant 12,438 becs. Depuis cette époque, l'éclairage au gaz a été substitué chaque jour à l'ancien mode, et le quatrième arrondissement se trouve compris dans les améliorations que l'on a faites. Au mois d'août 1831, on a commencé l'éclairage du marché des Innocens par 24 becs de gaz. Maintenant (1842), plus des deux tiers des rues et places de l'arrondissement sont éclairées au gaz.

CHAPITRE VII.

MARCHE ET EFFETS DU CHOLÉRA-MORBUS DANS LE QUATRIÈME ARRONDISSEMENT.

§ LXIII. — La marche et les effets du *choléra-morbus* dans Paris ont été décrits avec la plus grande exactitude dans un rapport (1) rédigé par des hommes éminens, et qui a été publié par les soins de l'administration. Nous extrairons de ce travail les documens nécessaires pour exposer rapidement la marche et les effets du choléra dans le quatrième arrondissement.

Ces détails statistiques ont une grande importance, car ils démontrent que l'on aurait tort de prédire à l'avance les ravages de certaines maladies épidémiques au milieu des populations de tels ou tels quartiers, d'après les mauvaises conditions de ces quartiers. Ces maladies semblent choisir leurs victimes, et elles épargnent les individus que l'on présumerait devoir être atteints les premiers.

C'est le 26 mars 1832 que le choléra fut signalé dans Paris; le 31, trente-cinq des quarante-huit quartiers étaient envahis. Dans le quatrième arrondissement, les quartiers des Marchés, du Louvre et Saint-Honoré avaient déjà des malades; celui de la Banque fut atteint le dernier. L'épidémie suivit une progression rapide pendant quinze jours, elle resta stationnaire pendant six jours, puis elle mit soixante jours à décroître. Une recrudescence se manifesta à partir du 18 juin, mais l'intensité de la maladie fut beaucoup moindre.

Il est à remarquer que les arrondissemens qui, durant le premier temps de l'épidémie, furent les plus maltraités, souffrirent encore le plus pendant la recrudescence.

---

(1) *Rapport sur le choléra-morbus*, in-4°, imprimerie Royale, 1832,

Lors de la première invasion, le quatrième arrondissement n'eut que 378 décès à domicile, tandis que le dixième
arrondissement en eut 1,272 et le neuvième 1,030.

Pendant la recrudescence, on compta 150 décès dans le
quatrième arrondissement et 413 dans le dixième arrondissement.

Enfin le choléra a enlevé 18,402 personnes à Paris,
et sur ce total le quatrième arrondissement n'y a contribué
que pour 833 individus, tandis que le neuvième en a
fourni 1,922 et le onzième 1,357.

En opposant ainsi de tels chiffres, on est forcé de reconnaître que le choléra a sévi avec plus d'intensité et
d'une manière toute spéciale sur des quartiers dont les
conditions de salubrité ordinaires sont les plus opposées.

Influence de l'humidité sur la mortalité.

§ LXIV. — La commission avait essayé de se rendre
compte du degré de violence avec lequel l'épidémie avait
pu se développer dans les rues regardées, non sans raison,
comme les plus étroites, les plus sales, les plus insalubres.
Elle en choisit 50, dont elle opposa les décès à ceux de 50
autres, qui sont considérées comme les plus salubres.
Dans les premières rues, la mortalité cholérique a été dans
le rapport 33,87 décès sur 1,000; dans les secondes de
19,25 sur 1,000.

Cette cause paraîtrait avoir eu une influence marquée
sur le développement du choléra, si l'on ne savait qu'il
a sévi avec encore plus d'intensité dans des rues larges,
aérées, et situées dans des quartiers élevés.

De tous les arrondissemens, le quatrième est un de ceux
qui est le plus en contact avec un cours d'eau évaporable ;
le quartier du Louvre qui borde la Seine est en rapport
avec 108,000 mètres carrés de surface d'eau, étendue qui
forme environ un cinquième du terrain de l'arrondisse-

ment. La population du quartier du Louvre était de 11,320 habitans; il y a eu 306 décès, ce qui donne pour moyenne 27 sur 1,000; cette moyenne est inférieure à celle fournie par les rues humides et qui était 33.

Rapport de la mortalité cholérique avec la densité de la population.

§ LXV. — Si on examine quelle est la plus ou moins grande part de terrain occupée par la population, on trouve que, dans le huitième arrondissement, qui a 6,110,000 mètres carrés et 72,729 habitans, chacun d'eux dispose de 84 mètres carrés, tandis que dans le quatrième arrondissement, dont la superficie n'est que de 560,000 mètres carrés, chacun de ses 45,151 habitans n'a que *douze mètres carrés*.

Malgré cette énorme différence dans l'agglomération des habitans, le choléra n'a enlevé que 18 personnes sur 1,000 dans le quatrième arrondissement, pendant qu'il en enlevait 27 sur 1,000 dans le huitième arrondissement.

En observant la marche si variable du choléra, ses effets si divers et quelquefois si opposés, la commission a conclu *qu'il existe une certaine espèce de population, comme une certaine nature de lieux, qui favorisent le développement du choléra, le rendent plus intense et ses effets plus meurtriers; que les conditions physiques du sol et les variations météréologiques agissent beaucoup moins que l'entassement et la misère.*

Ces conclusions, qui sont exactes pour la généralité des faits, semblent être confirmés par l'analyse de ceux qui ont été observés dans certains quartiers.

Ainsi la comparaison des élémens du tableau suivant fait constater que la mortalité a été en proportion beaucoup plus forte dans le quartier du Louvre que dans celui des Marchés; effectivement, l'entassement et la misère

8

sont encore plus grands dans les rues Saint - Germain-
l'Auxerrois, des Prêtres ,... que dans la rue de la Ferronnerie , aux Fers...

Quartiers.	Superficie du terrain.	Population.	Nombre de mètres carrés par hab.	Nombre des décédés cholériques.
Saint-Honoré.	130,000^m	11,109	12^m	157
Du Louvre.	230,000	11,320	20	306
Des Marchés.	80,000	10,866	7	228
De la Banque.	120,000	11,856	10	142
Totaux. . .		45,151	En moyenne 12^m	833

CHAPITRE VIII.

MORTALITÉ.

§ LXVI. — La mortalité est-elle plus forte dans le
quatrième arrondissement que dans les autres parties de
Paris ? La réponse à cette question a déjà été faite par
M. Villermé (*Annales d'Hygiène*, tome III, pag. 294).

Son travail a été basé sur les documens de statistique
publiés par la préfecture de la Seine jusqu'en 1827, et
rédigés par M. Villot. Nous avons déjà vu que si l'on
rapporte la surface occupée par les bâtimens aux surfa-
ces réunies des rues, places, jardins et autres terrains, on
obtient pour chaque arrondissement l'accumulation comparative des maisons qui, pour le quatrième arrondissement, forme les 0,59 de son territoire.

En établissant le rapport de la population avec la superficie du sol des maisons, en faisant abstraction des
rues, places, jardins, on trouve, qu'en 1827, chaque individu n'occupait que *six mètres et demi*, ce qui forçait
M. Villermé à dire : « Quel encombrement cela ne sup-
pose-t-il pas dans les logemens des pauvres qui habitent
le quatrième arrondissement, surtout lorsqu'on sait que
sur 100 locations il y en a 72 de gens riches ou plus ou

moins aisés qui occupent la plupart un plus grand espace ! »

M. Villot avait trouvé que la mortalité totale annuelle
pouvait être ainsi répartie.

Arrondissemens.	Période de 1817 à 1821. 1 sur habitans.	Période de 1822 à 1826. 1 sur habitans.
Ier.	45	52
IIe.	43	48
IIIe.	38	43
X^e.	36	36
VIIe. . . .	35	41
VIe.	35	38
V^e.	34	42
XIe.	33	39
IVe. . . .	33	34
IXe. . . .	25	30
VIIIe. . . .	25	28
XIIe. . . .	24	26

D'après ce relevé comparatif, la mortalité dans le quatrième arrondissement aurait été la même pendant une
période de dix années, et elle ne serait pas sensiblement
plus forte que dans la moitié des autres arrondissemens.

M. Villermé, en citant ce tableau, est amené à con-
clure : « Que la mortalité dans les divers arrondissemens
« de Paris, est, en général, en raison inverse de l'aisance
« de leurs habitans; que l'aspect, l'exposition des loge-
« mens, le voisinage de la Seine, les vents auxquels on
« est plus particulièrement exposé, l'agglomération des
« maisons, la densité de la population , n'ont, lorsque
« l'on considère les faits dans la masse des habitans de
« chaque arrondissement, aucune action évidente sur la
« mortalité, l'effet de ces causes étant marqué par celui
« de l'aisance ou de la misère. »

Nous objecterons à ces conclusions que les tableaux
statistiques publiés par l'administration ne peuvent donner que les chiffres de décès tels qu'ils sont inscrits dans
les mairies, qu'en dressant ces tableaux on n'a pas eu

égard à la mortalité plus ou moins grande à tel ou tel genre de vie, à l'agglomération des maisons, etc.

Rien ne prouve que dans le quatrième arrondissement les décès soient en proportion plus forte pour la population pauvre que pour la population aisée, ou *vice versa*. On connaît le chiffre annuel de la mortalité pour tout l'arrondissement, mais on n'a pas encore fait le relevé du plus ou moins grand nombre de décès dans telle rue, tel quartier, telles maisons, pendant une, deux... dix années, *seul travail* qui permettrait de reconnaître où est la plus grande mortalité, et si, comme cela est probable, certaines professions ne sont pas plus meurtrières que d'autres. Il est encore une autre cause d'erreur dans ces statistiques générales, on ajoute au total des décès à domicile celui des décès dans les hôpitaux, mais comment faire une répartition convenable pour chaque arrondissement? Les inscriptions de décès sont faites à la mairie de l'arrondissement où est situé l'hôpital, par conséquent les arrondissemens qui ne possèdent pas d'hôpitaux, présentent une notable différence, en moins, dans le total de la mortalité.

D'après le mode actuel des recherches statistiques sur la mortalité, nous ne pouvons arriver *à aucune conclusion positive* sur l'influence qu'exercent le degré de misère ou d'aisance de la population.

§ LXVII. — Nous nous bornerons à comparer le nombre des décès dans le quatrième arrondissement au nombre total des décès dans la ville de Paris, à diverses époques.

Années.	Décès.		Total.	Décès à Paris.	Population à Paris.
	Masculin.	Féminin.			
1817	360	426	786	22,316	682,059
1838	338	389	627	25,797	909,126
1839	361	399	760	25,324	..
1840	373	403	776	28,294	..
1841	343	368	711	25,721	935,261

Il résulte de l'examen de ce tableau que la mortalité semble avoir diminué, mais elle n'a pas varié cependant, car la population du quatrième arrondissement qui était de 46,624 en 1817, n'était plus que de 46,430 hab. en 1841. La diminution est de 194.

Décès par la variole.

La petite-vérole (variole) en 1815 a enlevé à Paris 416 personnes ; en 1816, il n'est mort de cette maladie que 251 individus, dont 124 garçons et 25 filles.

Le nombre des personnes vaccinées gratuitement s'est monté en 1816, à 819.

Nous avons réuni dans le tableau suivant, le nombre de décès par la variole, et le chiffre des vaccinations gratuites dans le quatrième arrondissement, depuis 1817 jusqu'à 1842.

Année.	Décès par la variole dans le 4ᵉ arrond.	Décès par la variole à Paris.	Vaccinations dans le 4ᵉ arrondissem.	Vaccination à Paris.
1817	44	745	186	913
1818	77	993	75	»
1819	71	351	29	»
1820	3	»	21	»
1821	»	»	»	»
1822	50	»	110	»
1823	35	»	35	»
1824	11	»	45	»
1825	120	»	102	3,013
1826	6	»	1,368	3,047
1827	1	186	1,827	5,277
1828	5	»	1,876	»
1829	6	»	1,757	»
1830-31	28	»	2,185	»
1832	19	386	5,322	10,298
1833	36	»	123	»
1834	28	»	174	»
1835	25	»	371	»
1836	7	»	245	»
1837	15	»	286	»
1838	8	»	1,432	»
1839	10	»	1,463	»
1840	28	625	1,764	14,712
1841	14	219	1,010	»

Il résulte de la comparaison de ces chiffres que la propagation de la vaccine a diminué d'une manière très notable le nombre des décès causés par la variole. Cette maladie n'a existé que d'une manière isolée dans le quatrième arrondissement; elle n'a sévi avec intensité que dans l'année 1825 où il y a eu 120 décès qui ont eu lieu par suite d'une épidémie régnante. Jusqu'à cette époque le nombre des vaccinations avait été très faible dans tout Paris, et particulièrement dans le quatrième arrondissement. Depuis 1825 cet arrondissement, au contraire, s'est distingué par le nombre toujours croissant des vaccinations qui est ordinairement le tiers du nombre total des vaccinations dans Paris, et qui en 1832 a été de 5,322 sur 10,298 (plus de moitié comme on le voit). L'obligation imposée aux parens de faire vacciner les enfans qu'ils désirent placer dans les écoles, et la somme de 3 fr. donnée à chaque mère pauvre, en outre de la vaccination gratuite, ont contribué à répandre dans la population indigente l'usage si utile des vaccinations et à affaiblir les préjugés encore si communs contre ce moyen préservateur.

CHAPITRE IX.

RÉSUMÉ GÉNÉRAL.

§ LXVIII. — Nous sommes enfin parvenu à la limite que nous nous étions tracée dans nos recherches. Notre but, ainsi que nous l'avons annoncé en commençant, était de faire l'histoire de plusieurs quartiers de Paris, au point de vue de leurs conditions hygiéniques. Nous avons choisi pour le sujet de notre étude les quartiers les plus anciens de la rive droite de la Seine, ceux qui ont toujours été le centre du mouvement le plus actif et le plus continu, les quartiers où, dès la fondation de la ville, ont été établis les marchés et les halles d'approvisionnement.

§ LXIX. —Avec les historiens nous avons tracé la topographie des anciens quartiers Sainte - Opportune, du
Louvre, des Halles, Saint-Eustache, des Innocens, et
en nous appuyant sur le témoignage des auteurs les plus
véridiques, nous avons assisté à la formation de chacune
de ces parties de la ville, débordant successivement les
murailles dont on cherchait à les enfermer. Au quinzième
siècle, ces quartiers étaient entièrement entourés par les
villages et les bourgs, autrefois isolés, qui s'étaient éten-
dus jusqu'à la ville.

Dès cette époque, cette portion centrale de la ville n'a
pas cessé de se rétrécir par l'accumulation de ses maisons;
pour se loger, la population toujours croissante a fait disparaître les jardins, les cours, puis elle s'est mise à bâtir
étages sur étages.

Dans ces temps éloignés, l'hygiène publique était fort
négligée, et les citations que nous avons faites ont démontré toute l'impuissance des efforts des prévôts de Paris pour
faire cesser la puanteur des rues et l'accumulation des
immondices de toute nature. La fréquence des guerres
civiles et étrangères, le mauvais vouloir de la noblesse et
des ordres monastiques, l'indifférence des hauts justiciers
pour ce qui devait intéresser la santé des habitans, ne permirent pas pendant des siècles d'améliorer l'état physique
de la ville.

§ LXX. — Les famines, les disettes d'eau, de bois,
se joignant à toutes les autres causes de maladies, engen-
drèrent des épidémies, des pestes, qui décimèrent la population. La mortalité au quatorzième siècle est évaluée, par
M. Villermé, au vingtième ou vingt-deuxième de la population totale, tandis qu'actuellement elle est estimée au
trente-deuxième.

Les marchés d'approvisionnement, les halles furent autrefois établis sur un emplacement qui est encore le même

aujourd'hui; nous nous sommes appliqués à indiquer leur destination, et à rappeler les mesures de police médicale prescrites dès-lors, selon la nature diverse des alimens et des boissons.

Enfin, nous avons terminé cette première partie de notre mémoire, par la citation des maladies confondues sous les noms de peste et de lèpre.

§ LXXI. — Nous nous sommes proposé dans la seconde partie de ce travail de faire l'histoire topographique et médicale des quartiers qui composent aujourd'hui le quatrième arrondissement de Paris, et après avoir décrit tour-à-tour les quartiers de la Banque de France, du Louvre, Saint-Honoré et des Marchés, nous avons parcouru chacune des Halles d'approvisionnement. Cet examen, tel que nous l'avons fait en citant les quantités de denrées qui s'y vendent chaque année, laisse l'esprit étonné de la lenteur avec laquelle s'élaborent les projets qui doivent depuis si long-temps faire cesser un entassement fâcheux pour la santé publique.

§ LXXII. — La population du quatrième arrondissement n'est pas en voie de progrès, par le motif tout simple qu'elle n'a pas de place pour se loger. Cet encombrement existe depuis long-temps. Dès 1817, il y avait 2,032 maisons, 587 de plus que le troisième arrondissement qui a une superficie plus que double. M. Daubenton, inspecteur-général de la voirie, dans un rapport adressé au préfet en 1827, remarquait que les maisons, ainsi que les rues, sont plus étroites qu'ailleurs, et que, par conséquent, les habitans sont plus mal logés que dans les autres arrondissemens.

§ LXXIII.—Les indigens sont nombreux ; nous avons recherché quelles sont les professions, les maladies, les causes de misère, de ceux qui sont secourus par le bureau de bienfaisance, et il devient évident que les ressources

pécuniaires, dont il dispose, sont insuffisantes pour satis-
faire à leurs besoins.

En faisant la répartition des indigens d'après leurs logemens dans chaque rue, nous avons démontré que certaines
rues sont presque exclusivement habitées par eux, l'encombrement des maisons, leur saleté, expliquent le bas
prix des loyers et leur habitation spéciale par les malheureux.

Ne serait-il pas juste que les propriétaires qui ne peuvent louer leurs maisons qu'aux gens de cette classe, fussent forcés par les administrateurs des bureaux de bienfaisance à certaines conditions. Ainsi, nous proposons que
les murs des couloirs, des escaliers, des chambres soient
blanchis à la chaux, que les fosses d'aisances soient mu-
nies de tuyaux d'évent, que le pavage des cours et passage
ne permette pas aux eaux de stagner.

Nous le répétons, à moins d'abattre leurs maisons, les
propriétaires des rues Tire-Chape, de la Saunerie, Saint-
Germain-l'Auxerrois, du Four..... ne peuvent les louer
qu'aux indigens. Que l'on exige donc d'eux les conditions
indispensables de salubrité!

§ LXXIV. — Le quatrième arrondissement renferme
un grand nombre de maisons de prostitution; nous pensons que la proximité des hôtels garnis, où la population
est nombreuse, est une des causes de leur réunion.

§ LXXV. — Des renseignemens précis, authentiques,
nous ont permis de citer les quantités d'immondices et de
boue que l'on enlève chaque jour des halles du centre, et
l'on est étonné qu'une telle source d'infection n'entraîne
pas de plus grands inconvéniens.

Nous appelons l'attention des hommes spéciaux, celle de
l'administration municipale, sur la mauvaise disposition
dans les maisons, des latrines et des descentes d'eaux ménagères.

§ LXXVI. — Nous avons consacré un chapitre à l'historique de la marche et des effets du choléra-morbus qui a sévi avec peu d'intensité sur le quatrième arrondissement.

§ LXXVII. — La mortalité n'est pas plus forte dans cet arrondissement que dans plus de la moitié des autres. Pour apprécier sur quelles personnes la mortalité pèse le plus, il faudrait faire un travail qui n'existe pas, et relever par rues, maisons, étages, le sexe, l'âge, la profession, l'état d'aisance de chacun des décédés ; jusqu'à ce qu'un pareil travail soit complet, on n'avancera que des conclusions générales et erronées.

Un fait bien établi, par exemple, c'est la diminution des décès par la variole et la propagation annuelle de la vaccine.

§ LXXVIII.— Enfin, comme conclusion générale, nous dirons : *qu'à l'époque actuelle, dans le quatrième arrondissement, les améliorations et les progrès successifs, qui ont été apportés dans le service de la voirie, ont fait disparaître presque complétement les conditions d'insalubrité dans les rues et sur les places.*

Mais que, dans la plus grande partie des quatre quartiers qui composent cet arrondissement, toute la sollicitude de l'administration doit se porter sur l'accumulation des maisons, leur saleté, le défaut de lumière, d'air, leur humidité, qui y entretiennent des conditions permanentes d'insalubrité et contribuent avec la misère des individus qui les habitent à propager la maladie scrofuleuse.

Que le percement de rues larges et aérées, l'agrandissement des halles, en les mettant en rapport avec les besoins de la population de Paris, sont les meilleurs moyens d'assainir ces anciens quartiers qui ont conservé entièrement leur état primitif. "

FIN.

TABLE.

FIN DE LA TABLE.

Premier Plan de la ville de Paris
(an 508.)

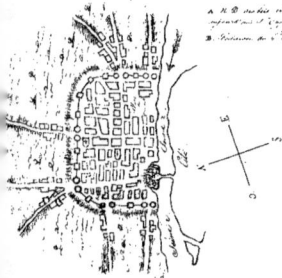

A. N. D. sur trois rochers
reposant sur l'aqueduc.
B. Palais au N. Nord.

Dessiné par l'auteur, 9 qui Delauney.

Lithographié à Laigné, Imprimerie T. Renard, 14.

2ᵉ Plan (an 1150.)

A. S¹ Opportune
B. Grand Pont.
C. Place de Grève.

3ᵉ Plan (an 1220.)

A. Le Louvre
B. S¹ Eustache.
C. Les Halles.
D. S¹ Opportune.
E. Le G¹ Châtelet.
H. Hôtel de ville.

Topographie médicale du XIIᵉ siècle de Paris.

Légende

PLAN
POUR SERVIR A L'INTELLIGENCE
de la
TOPOGRAPHIE MÉDICALE
du
IV.ᵉ ARRONDISSEMENT
de la Ville de Paris
par
M.ᵉ LE DOCTEUR E. BAYARD
1842

Echelle de 500 Mètres

JARDIN DU PALAIS ROYAL

PALAIS ROYAL

PALAIS DU LOUVRE

QUARTIER DU LOUVRE

QUARTIER ST. HONORÉ

QUAI DU LOUVRE

Place du Palais Royal

Place de l'Oratoire

Place du Carrousel

SEINE FL.

Quai de l'Ecole   Quai de la Régisserie

Quai du Louvre